Nathalie Colin-Fagotin

RÉUSSIR SA VIE DE FAMILLE

LE GUIDE PRATIQUE DES RELATIONS HARMONIEUSES EN FAMILLE

PROGRAMME 10 JOURS

Retrouvez l'ensemble des guides, formations et conférences de Familipsy Formation sur :

www.familipsy.academy

Éditeur : Nathalie Colin-Fagotin - Familipsy Formation

BP 90015 - 98715 PPT CMP - Polynésie française, 2021.

ISBN (version papier) : 979-10-699-7681-8

Dépôt légal - Août 2021

Imprimé à la demande par Amazon

Couverture - réalisation graphique et illustration (photomontage) : Taema Cuneo

À mes enfants et mon époux

qui m'ont donné le goût de vivre en famille.

INTRODUCTION

Laissez-moi vous dire quelques mots avant de commencer, pour profiter pleinement de votre programme.

Tout d'abord, je suis ravie de vous rejoindre avec ce programme en 10 étapes et de vous aider ainsi à construire et réussir votre vie de famille.

La famille participe grandement à l'équilibre personnel. Elle est notre premier cercle d'appartenance, notre base de sécurité, l'espace où expérimenter l'altérité et le vivre ensemble. Le lieu où le respect n'est pas qu'une utopie mais où chaque jour qu'il prend une forme concrète.

La famille nous touche dans ce que nous avons de plus profond. La preuve en est : beaucoup de mal-être et de souffrances prennent leur origine dans des difficultés relationnelles dans le couple ou la famille.

On comprend beaucoup mieux aujourd'hui, grâce aux recherches en psychologie et aux nombreuses publications dans le domaine, le fonctionnement des relations interpersonnelles, le rôle des émotions, celui du cerveau, le décodage des comportements et de la communication humaine...

Ce qui nous permet de mieux nous connaitre et de mieux vivre les relations avec les autres, en particulier nos proches. Encore faut-il avoir cerné le problème, le changement à opérer... Et **c'est bien la première étape du changement : celle de la prise de conscience;** c'est à dire la mise au clair d'une situation afin de pouvoir en regarder les tenants et aboutissants et intervenir sur ce qui a besoin d'être amélioré ou modifié ou encore de pouvoir optimiser les ressources existantes.

Voici donc en quelques mots la démarche que je vous propose : non pas vous donner des recettes toutes faites (et souvent inappropriées à la situation particulière que vous vivez), mais des méthodes pour clarifier, prendre conscience, vous poser les bonnes questions, et vous aider à développer les compétences dont vous avez besoin pour faire face aux situations difficiles inévitables de la vie de famille.

Vous découvrirez dans ce programme les points essentiels à considérer pour vivre serein et épanoui avec ses proches.

Vous pouvez suivre jour après jour pendant 10 jours, chaque étape du programme. Chaque jour, vous trouverez des pistes, des éclairages et indications à suivre (si vous le souhaitez). Il n'y a bien sûr aucune obligation à suivre le programme dans l'ordre, mais il est progressif et vous allez bénéficier à prendre les contenus dans l'ordre pour trouver une cohérence.

JOUR #1 - COPARENTALITÉ, RESPECT ET BIENVEILLANCE : DES INGRÉDIENTS ESSENTIELS POUR "FAIRE FAMILLE"

Avez-vous le sentiment d'être en phase avec votre conjoint et vos enfants ? Vous sentez-vous à l'inverse décalé parfois ? Incompris ? Seul(e) ? Avez-vous l'impression que vous avez du mal à vous faire "entendre" ? Si c'est le cas, il est possible qu'il manque à votre famille du lien, du "vivre ensemble" et quelque peu d'ingrédients pour vraiment "faire famille »...

Pour ce premier jour du programme, je voudrais aborder avec vous la question du lien invisible qui unit les membres d'une même famille et fait se sentir "appartenir" au même clan. Ce lien, que certains appelleraient "lien du sang" créer entre les membres un sentiment d'attachement aux autres membres. Ce lien est celui du lien biologique, mais pas seulement.

Il n'est qu'à voir comment certaines familles peuvent parfois se diviser jusqu'à ce que le lien disparaisse complètement; ou encore quand des enfants ont vécu sans parent pendant une longue durée et qu'ils se sentent étrangers à leur parent biologique. Ceci s'explique par le fait qu'on ne fait pas "famille" uniquement par les liens biologiques qui nous unissent, mais aussi (et surtout) parce qu'on entretient ces liens, on les créer au fil des jours, des relations intimes, complices, qui renforcent progressivement la solidité et la qualité du lien d'attachement qui nous unit.

Mais comment cela se produit-il ? Et comment alimenter ce lien afin qu'il renforce les liens familiaux ? Comment éduquer ensemble ? Décider ensemble ? S'organiser ensemble ? Et rester "unis" dans tous les moments importants de la vie de famille ?

C'est ce que je vous propose d'explorer aujourd'hui...

LA COPARENTALITÉ

Le terme de "coparentalité" est de plus en plus utilisé aujourd'hui; tant pour les situations familiales classiques que dans le cas de parents séparés, mais qu'est ce que ça signifie exactement ? Et **comment être parent de façon cohérente quand on habite sous le même toit** ?

« La coparentalité est le résultat d'une conciliation respectueuse de chacun, une façon d'être parent où chacun trouve sa place… »

Tout d'abord, **les liens qui vont se tisser vont dépendre de la capacité des deux parents à construire une action commune et cohérente**, faite des différences de chacun mais permettant malgré cela d'intervenir en tant que parent de façon **cohérente et complémentaire**.

La coparentalité, puisque c'est de cela dont il s'agit, est le résultat de cette capacité à être parent ensemble en respectant les façons forcément différentes de l'autre parent de faire, en renonçant à imposer un seul modèle parental ou au contraire, en osant affirmer l'originalité de sa propre parentalité.

La coparentalité est donc une base indispensable pour établir des liens solides dans le couple parental et par extension avec les enfants. Pour finir, cette coparentalité servira d'exemple aux enfants pour gérer eux-mêmes leurs différents entre eux.

L'équilibre pour réussir à être parent en se respectant et en respectant l'autre parent est un exercice parfois délicat et souvent source de conflits dans les familles. Voici pour vous aider à trouver l'équilibre dans votre coparentalité, une carte mentale :

Regardons les 6 dimensions d'une coparentalité conciliée, condition sine qua non pour réussir à être parent ensemble. Et faisons un point introspectif pour vous aider à faire le point.

Les valeurs

Vos valeurs principales et celles de votre conjoint sont-elles respectées ? Si non, identifiez la valeur qui fait défaut et cherchez ce qui pourrait y répondre. Voici quelques valeurs connues : altruisme, amabilité, collaboration, convivialité, courage, détachement, devoir, travail, honnêteté, entraide, famille, force, générosité, humour, humilité, modération, non-violence, optimisme, ponctualité, pondération, respect, serviabilité, simplicité, sincérité, ténacité, volonté...

Vision individuelle

Chaque parent a une vision, consciente ou inconsciente de la vie qu'il veut mener, de sa relation conjugale ou de sa vie familiale. Mais beaucoup oublient de partager à ce sujet. Pourtant, le couple a besoin de partager une vision commune pour avancer dans une même direction...

Quelle est votre vision ? Pouvez-vous la décrire précisément ? Connaissez-vous celle de l'autre parent ? Si non, demandez-vous quel avenir rêvez-vous pour vos enfants, votre famille, quel est votre idéal et ce à quoi vous aspirez...

Styles éducatifs

Il existe plusieurs styles éducatifs[1] que l'on utilise préférentiellement de façon automatique. Il en existe 3 principaux : autoritaire, laxiste ou laisser-faire et démocratique (ou authoritative).

Le dernier est considéré par les chercheurs comme le plus bénéfique à l'enfant et aux relations parent/enfant. Il est prédictif d'un meilleur développement et de moins de risque de déviance à l'adolescence.

Regardons ensemble les distinctions entre chaque style éducatif.

On peut catégoriser 4 styles éducatifs selon le degré de contrôle qu'on exerce sur l'enfant et l'intensité de l'attachement dans la relation.

Le style *négligeant* combine peu de contrôle et peu d'attachement.

Dans ce style éducatif, les enfants sont laissés livrés à eux-mêmes, ont peu de règles au quotidien, et reçoivent peu de marques d'affection.

Les enfants du style négligeant, sont plus **débrouillards**, mais aussi plus **réfractaires à l'autorité** (quelle qu'elle soit) et sont en **carence affective**. Ils auront du mal à suivre leur scolarité à cause de leurs difficultés à intégrer les règles de l'école et peuvent avoir des difficultés relationnelles liées à leur grand besoin de reconnaissance et leur tendance à la dépendance. Tout cela sera bien sûr à nuancer en fonction du parcours de l'enfant.

---

[1] Vous trouverez ici un article sur les styles éducatifs : https://www.familipsy.com/Quel-est-votre-style-d-education_a97.html

Le style *permissif* contrôle peu également, mais en revanche est centré sur la préservation de la relation parent-enfant, avec beaucoup de marques d'affection et un fort attachement.

Les parents du style permissif négocient, tolèrent des entorses aux règles et cherchent à éviter les conflits avec leurs enfants.

Les enfants de ce mode éducatif sont **sécurisés** d'un point de vue affectif et **réussissent mieux leur scolarité**. Par contre, ils auront des **difficultés à dire « non »**, à tenir un effort, à gérer un conflit qu'il chercheront plutôt à fuir ou se montreront rebelles à l'autorité. Ils sont plus sujets à la consommation de drogues, régulent difficilement leurs émotions et pourront être tentés par des alternatives radicales à l'absence de règles et de contrôle, par des choix de vie au contraire très autoritaires, comme l'armée. Tout cela sera bien sûr à nuancer en fonction du parcours de l'enfant.

Le style **autoritaire** contrôle beaucoup mais montre peu de marques d'affection.

Les parents autoritaires mettent un point d'honneur à ce que les règles soient respectées, les tâches soient effectuées et à ce que les enfants obéissent. Par contre, ils se soucient peu des états d'âmes de leurs enfants et ont une relation plus distante, ou même froide avec eux.

Les enfants de ce style éducatif apprennent à **obéir à l'autorité**, sans mobiliser leur libre arbitre, sont **anxieux, réservés**. Ils peuvent devenir dépendant de leurs parents, ou d'une autre figure d'autorité, et avoir **plus de mal à s'autonomiser**. Ils ont souvent du mal à nouer des relations amicales ou amoureuses satisfaisantes et peuvent souffrir de carence affective.

Le style « **authoritative** » ou **démocratique** (Il n'y a pas vraiment d'équivalent en français) combine à la fois du contrôle et un fort degré d'attachement.

Les parents de ce style éducatif font preuve de fermeté au sujet des règles ou des attentes vis à vis de leurs enfants, mais sont aussi soucieux de leur bien-être, et cherchent à maintenir une bonne relation avec eux en instaurant la négociation. Ils entretiennent dans le foyer un climat chaleureux, convivial et sécurisant, propice au bon développement de l'enfant. Ils fixent des limites claires et s'y tiennent; ce qui donne des repères et un cadre structurant à l'enfant.

Les enfants de ce style éducatif sont « **bien dans leur peau et leur tête** » ! Ils ont de **meilleures performances scolaires** et **savent nouer des relations satisfaisantes avec les autres**, car ils sont **capables d'empathie** et régulent mieux leurs émotions. Ils sont plus **autonomes**, ont une **bonne estime de soi** et **respectent l'autorité** (qu'elle vienne de leurs parents ou d'une autre figure d'autorité).

Après cette brève description, et si l'on se concentre sur l'intérêt de l'enfant, il est aisé de voir les effets bénéfiques du **style éducatif démocratique**.

Le style démocratique combine deux bases essentielles en matière d'éducation : l'affection et le cadre. Autrement dit il apporte à la fois la sécurité affective à l'enfant tout en lui offrant un cadre dans lequel il pourra s'épanouir.

Ceci étant dit, il reste difficile à appliquer dans certaines situations et sert plutôt de **modèle idéal qui peut guider les parents dans leur manière d'éduquer**. D'ailleurs, dans certaines situations et en fonction de l'âge de l'enfant, les styles permissifs et autoritaires ont tout autant leur intérêt. Nous en faisons souvent l'expérience dans les ateliers-parents, les styles éducatifs se combinent dans les familles, en fonction des situations : même si un style est souvent privilégié, les parents ont recours à d'autres styles dans des situations bien spécifiques : le style autoritaire quand il s'agit d'une règle qui peut mettre en danger un enfant (la règle n'est pas négociable), le style permissif quand le contexte le permet et qui donne l'occasion à l'enfant de s'exercer à prendre ses propres décisions sans que cela ait des conséquences importantes (choix de l'activité ou du linge qu'il portera par exemple).

L'important est qu'une tendance globale se dégage et que le parent sache user d'un style en fonction de sa pertinence.

Complémentarité

L'approche en complémentarité de la parentalité permet d'entrevoir qu'il n'y a pas qu'une seule et bonne façon de faire en éducation. Chacun y met son expérience, sa personnalité et ses propres repères et le parent est parfois tenté de ne voir qu'à travers sa propre perspective, au risque d'accabler l'autre parent de reproches et critiques si sa façon de faire diverge. La complémentarité est d'accepter une bonne fois pour toutes que les différences peuvent se compléter et être un enrichissement à l'éducation des enfants.

Objectif éducatif

Qu'est-ce qu'un objectif éducatif ?

C'est le but concret que l'on cherche à atteindre dans une situation éducative du quotidien . L'objectif peut répondre à un besoin (aller se coucher à l'heure prévue - pour avoir un temps de sommeil suffisant par exemple) ou viser une plus grande autonomie (laisser l'enfant nettoyer la place qu'il vient de salir - pour lui apprendre à nettoyer en autonomie). Nous fixons souvent inconsciemment plusieurs objectifs à la fois : au risque d'être frustré du résultat obtenu et peu clair dans nos demandes.

Quel est votre objectif et celui de l'autre parent ? Ces objectifs divergent souvent et créent, quand ils sont ignorés, des malentendus entre les parents et des conflits. Avant d'intervenir avec votre enfant, éclaircirez votre objectif éducatif.

Rôles parentaux

Le rôle parental est celui que l'on "joue" à partir de ses propres représentations du rôle maternel et paternel. Ces images de notre rôle et celui de l'autre parent sont intériorisés dès notre enfance en fonction de notre expérience familiale et des modèles parentaux que l'on a eu à voir. Même si l'on souhaite s'en départir, ces rôles influencent considérablement notre façon d'être parent ainsi que les attentes que l'on projette sur l'autre parent. Prenez conscience de ce que sont ces rôles pour vous : au féminin et au masculin afin de mieux comprendre votre façon de vous situer dans le couple parental et d'identifier vos attentes vis à vis de l'autre.

Retrouvez la fiche-outil sur le site Familipsy.academy

(https://familipsy.academy/ressources/pdfs)

LE RESPECT

Le respect est à la fois une valeur et une condition indispensable à des relations familiales épanouissantes et paisibles.Le respect est à la fois une valeur et une condition indispensable à des relations familiales épanouissantes et paisibles.

Voici **4 clefs** pour éduquer et vivre le respect dans la famille :

- **S'accepter** : comme on est, accepter l'autre comme il est. Reconnaitre ses qualités sans se sentir supérieur et ses défauts sans se sentir inférieur.

- **Se parler** : donner son avis sans chercher à l'imposer, écouter l'avis de l'autre sans chercher à contester, respecter le temps de parole et privilégier les paroles qui font du bien et favorisent le dialogue.

- **Être responsable** : de ses actes et de ses paroles. Assumer les conséquences de ses actes et décisions, refuser les marques d'irrespect et être acteur des changements que chacun souhaite.

- **S'entraider** : soutenir les autres et accepter leur aide, accepter les imperfections (les siennes et celles des autres), développer l'indulgence et l'empathie.

Voici une charte du respect en famille que vous pouvez utiliser pour dialoguer en famille et compléter à votre guise :

LA BIENVEILLANCE

La bienveillance en actes

La notion de bienveillance nous renvoie à nos actions, à nos comportements. Ce qui nous amène à considérer que certains seront bienveillants et d'autres non.

Il est plus simple en beaucoup de situations de commencer par exclure ce qui n'est pas bienveillant : on pensera bien sûr à toutes les pratiques considérées objectivement comme brutales ou violentes, qui nuisent à l'être et à son développement.

On pensera aussi aux pratiques qui touchent à l'intégrité de la personne en la privant de ce qui la constitue comme être humain : sa liberté, sa conscience, son droit d'exister en tant que personne à part entière.

Et puis à l'inverse, on peut considérer que les actes ou pratiques bienveillantes sont tournés vers l'épanouissement de l'être, en lui permettant d'acquérir plus d'autonomie et de potentialités.

Ces pratiques sont **respectueuses** du développement de la personne, de sa conception à sa mort, et sont tendues vers un objectif de croissance, d'épanouissement, de bonheur...

Elles demandent donc à connaitre l'être humain et ses besoins, ses limites et ses capacités.

Elles **s'adaptent à l'âge** et aux circonstances de la vie.

Elles sont **dynamiques et mouvantes**, comme l'est le développement humain; jamais statiques, ni sclérosées.

Familipsy vous offre :

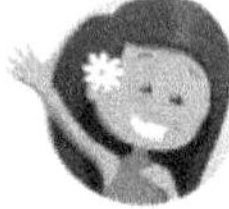

VIVRE LE RESPECT EN FAMILLE

Petite charte de la vie de famille pour apaiser le quotidien...

1-S'ACCEPTER

- Je m'accepte comme je suis
- J'accepte les autres comme il sont
- Je reconnais mes qualités sans me sentir supérieur
- Je reconnais mes défauts san culpabilité

2-SE PARLER

- Je donne mon avis sans chercher à l'imposer
- J'écoute l'avis des autres sans chercher à le contester
- Je respecte mon temps de parole
- Je privilégie les paroles qui font du bien et favorisent le dialogue

3-ETRE RESPONSABLE

- Je me sens responsable de mes paroles et mes actes
- J'assume les conséquences de mes actes
- Je refuse les marques d'irrespect
- Je suis acteur des changements que je souhaite

4-S'ENTRAIDER

- Je fais avec les autres comme j'aimerais qu'ils fassent avec moi
- Je soutiens mes proches
- Je sais demander de l'aide
- J'accepte les imperfections
- Je développe l'indulgence et l'empathie

Parlez-en en famille !

ASTUCE : DEMANDEZ À VOTRE ENFANT DE QUELLE MANIÈRE IL SE SENT LE PLUS RESPECTÉ

OFFERT PAR : **Familipsy**

Créé par Nathalie Colin-Fagotin

Elles ne s'imposent que dans la mesure où elles sont justifiées par un besoin, une urgence.

La bienveillance se voit donc d'abord en actes, mais aussi en attitudes, en comportements...

La bienveillance en valeurs

Mais des actes déconnectés de valeurs qui les orientent n'auraient pas de sens ! Les valeurs en effet, influent sur les décisions de chacun et dirigent les comportements vers un but plus grand. Sans valeurs associées, les comportements seraient inconsistants et superficiels.

La bienveillance s'inscrit donc d'abord sur un terrain pétrit par **des valeurs qui donnent la première place à la personne humaine**. Ces valeurs sont basées sur le respect et le droit à chacun d'exister et de vivre librement.

Ces valeurs ont à voir avec le postulat que chaque être humain a un potentiel de développement qui se révèle tout au long de sa vie.

Ces valeurs **ne condamnent pas** celui ou celle qui n'aurait pas les mêmes performances, les mêmes capacités, la même apparence.

Les valeurs bienveillantes **se proposent** plus qu'elles ne s'imposent à celui ou celle à qui elles s'adressent.

La bienveillance en intention

La parentalité n'est pas qu'une affaire de techniques, de postures et de compétences; elle est peut être avant tout question **d'intention**.

La bienveillance va émaner de quelque chose de plus subtil qui va se percevoir dans les actes : c'est l'intention de bienveillance. L'intention de bienveillance, permet au parent quoi qu'il fasse, d'imprégner ses paroles, et ses actions d'une affection désintéressée, altruiste et soucieuse du bien-être de l'autre.

« Comme les fruits qui permettent de reconnaitre l'arbre qui les produit, les actes seront d'autant plus "bienveillants" (et se vivront comme tels), qu'ils auront été portés par une volonté de tendre vers le bien de l'autre. »

Cette intention va se nourrir de nos sentiments, nos émotions, nos affects qui motiveront nos actes. L'amour que l'on porte à nos enfants va impulser pas exemple, nos comportements et nous pousser à plus de bienveillance. Cet amour nous rend capable d'une véritable empathie, d'un mouvement vers l'autre, d'un intérêt sincère au bien-être de celui qui nous est cher.

Nous n'avons pas toujours le bon comportement, ni ne maitrisons nos actes à 100%, mais nous pouvons toujours revenir à cette direction qui nous met en mouvement, et nous pousse à nous dépasser, à nous surpasser, à devenir meilleur, à devenir Bienveillant...

Cette bienveillance va plus se ressentir que s'argumenter ou s'expliquer. Elle est un ciment aux relations familiales et apporte la stabilité affective et la confiance à l'enfant qui en bénéficie.

« Autant dire que la bienveillance est indispensable à ce qui va permettre de "faire famille »…"

La bienveillance est un terme très utilisé aujourd'hui, il se pose en norme ou en tous cas en objectif à atteindre et **certains parents peuvent se sentir démunis de ne pas réussir à atteindre cette bienveillance** qu'ils reconnaissent pourtant comme une valeur importante pour eux...

Pour comprendre son importance dans la vie familiale, et son rôle pour tisser des liens qualitatifs et solides entre parents et enfants, il est important de comprendre ce qu'est la bienveillance et comment la mettre en acte au quotidien.

COMMENT ÉDUQUER AVEC BIENVEILLANCE ?

Si vous êtes convaincu(e) que la bienveillance a sa place dans l'éducation que vous voulez donner à vos enfants, voici maintenant quelques repères concrets pour la mettre pratique au quotidien.

Dans cette partie, je vous parle de :

- L'intérêt de l'enfant,

- Des méthodes qui correspondent à l'éducation bienveillante,

- Pourquoi ne pas être un parent parfait est une bonne nouvelle !

- Ce que signifie « rester positif ».

- Comment tisser des liens de qualité avec vos enfants.

Qu'est-ce que l'intérêt de l'enfant ?

L'intérêt de l'enfant est un droit inscrit dans la Convention Internationale des droits de l'enfant et qui régit l'ensemble des droits le concernant. C'est aussi la façon de prendre en compte ce qui est bon et préférable pour l'enfant dans toutes les décisions qui concernent l'enfant : les choix du quotidien, les décisions familiales, le faire participer dans les différents espaces d'échanges. C'est aussi respecter son rythme, ses besoins fondamentaux et sa personnalité et sa différence par rapport aux autres, ses particularités ou encore ses fragilités.

Qu'est ce qu'une méthode bienveillante ?

Les méthodes respectueuses de l'enfant renoncent à tout ce qui peut être contraire au bien-être de l'enfant : violences en tout genre. Elles partent des besoins fondamentaux de l'enfant : appartenance, sécurité, autonomie…

Vous n'êtes pas parfait(e) et c'est tant mieux !

Ne pas être parfait est effectivement un point favorable car si vous visez la perfection dans votre conception de parent et que vous ne supportez guère de regarder (et assumer) vos imperfections (et tous les parents en ont !), vous risquez d'accumuler les frustrations à chaque échec dans vos tentatives. Il est donc important de se donner le droit d'être imparfait et donc d'accepter aussi cette imperfection du côté de nos enfants. Cette aptitude vous rendra moins intransigeant vis à vis de vous-mêmes et de vos enfants. Ce qui n'empêche pas de chercher sans cesse à s'améliorer et de pousser les enfants dans ce sens, mais sans la pression du "devoir d'être parfait ».

« Le plus important est de faire de son mieux ! »

Nourrir l'optimisme

Rester positif implique de rester optimiste en toutes circonstances; c'est à dire de ne jamais se décourager ou se désespérer d'un enfant même s'il fait face à des difficultés. C'est être convaincu que chaque enfant est différent mais peut atteindre à sa manière la réussite et le bonheur. C'est aussi considérer qu'il y a une solution à toute situation problème et inculquer ce principe à l'enfant.

Nouer des liens de qualité

Établir des liens de qualité parent-enfant va se faire par différents moyens : établir des rituels de qualité pour renforcer quotidiennement le lien parent-enfant; donner des réponses sécurisantes et affectueuses autant que possible et répondre ainsi à son besoin de sécurité; en prenant le temps de tisser lors de moments de qualité, et dès que possible en exclusivité, les liens affectifs avec son enfant.

EXERCICE PRATIQUE

1. Identifiez le point fort et le point à améliorer en terme de coparentalité. Que pourriez-vous faire pour améliorer le second ?

2. Quel est votre style éducatif dominant ? Et celui de l'autre parent ? Vous sentez-vous à l'aise avec ce style ? Qu'aimeriez-vous changer ?

3. D'autre part, suivant les situations de la vie quotidienne, un style ou l'autre pourra être plus adapté. Essayez le plus possible d'adapter le style à l'objectif éducatif d'une situation. Prenez une situation concrète de votre quotidien et associez-la à un style permissif, autoritaire… suivant ce qui vous semblera pertinent.

4. Qu'est-ce qui vous "parle le plus" concernant la bienveillance ? Comment cette notion vous rejoint ? (Est-ce une évidence ? ou au contraire un défi quasi insurmontable ?) Quoiqu'il en soit, vous pouvez noter vos réponses ci-dessous ou sur un petit carnet qui vous suivra tout au long de ce programme.

JOUR #2 - PRENEZ SOIN DE VOTRE COUPLE APRÈS L'ARRIVÉE DE VOTRE BÉBÉ

LA NAISSANCE DE VOTRE ENFANT VA TOUT CHANGER !

Vous venez d'être parent; c'est un merveilleux évènement !

C'est l'évènement qui fait advenir la famille et peut-être celui que vous attendez depuis longtemps !

C'est une nouvelle vie qui s'offre à vous, un chapitre qui est en train de s'écrire...

Et **ce grand virage va vous changer, vous chambouler, vous bouleverser...** Parce qu'on ne peut pas rester la même personne après avoir donné naissance à un enfant, à son premier enfant : on élargit le champ des possibles, on découvre une autre partie de soi, que l'on ignorait sans doute... On devient responsable d'une autre vie que la sienne.

Vous découvrez aussi votre conjoint sous un autre jour, avec de l'admiration ou de la déception, **le couple se réajuste, se réorganise,** chacun tente de trouver ses marques pour trouver sa place dans cette famille naissante...

Bref, **vous entrez dans une période de remaniements psychiques intenses**, qui vont réactualiser des ressentis profonds de ce que vous avez été et avez vécu en tant qu'enfant et adolescent : les motivations qui vous ont poussé à choisir ce partenaire amoureux vont évoluer.

« La vision idéale que vous aviez de votre vie familiale va être confrontée à votre réalité, les désillusions vont parfois vous faire perdre pied, mais cette période, quelque peu chaotique est une sorte de "passage obligé" avant une autre phase plus tranquille. »

Nous allons voir aujourd'hui comment traverser cette période délicate et construire une vie familiale épanouie et sereine...

Pour cela, il est indispensable de considérer que l'équilibre va passer à la fois par le couple qui doit traverser une forme de période de croissance et également par un "travail sur soi" qui va vous permettre de trouver le vrai parent que vous êtes au fond de vous-mêmes (et non celui que vous avez imaginé et idéalisé) : et ce cheminement demande à se connaitre et oser se regarder avec honnêteté et authenticité pour devenir le parent que vous aspirez à être et qui vous correspond !

Ce cheminement demande à se connaitre et oser se regarder avec honnêteté et authenticité pour devenir le parent que vous aspirez à être et qui vous correspond !

Mais reprenons les choses à leur commencement...

Vous vous émerveillez devant votre bébé et faites de votre mieux pour que tout se passe au mieux, pour en prendre soin, pour l'entourer d'amour et d'affection...

MAIS parallèlement à ces moments inoubliables, et au fil des jours et semaines qui suivent la naissance, s'installent la fatigue, les inquiétudes , et les marqueurs du stress pointent leur nez, de façon inévitable...

Peut-être même que malgré vos bonnes intentions, **vous vous sentez dépassée et à bout** ?

Vous vous surprenez peut-être même à avoir des attitudes et pensées négatives ou honteuses...Le "baby-clash" vous guette...

C'est une réalité : La naissance d'un enfant a beau être un évènement merveilleux, le quotidien à la maison peut vite se transformer en cauchemar si le stress envahit le quotidien de maman !

Alors, comment éviter les pièges du stress, préserver la relation avec son bébé et vivre sereinement ce retour à la maison ?

RETOUR À LA MAISON : COMMENT RESTER ZEN ?

Voici quelques jours que bébé est né et au lieu d'un bonheur sans nuage, c'est une tempête d'émotions qui vous envahit :

Vous pleurez beaucoup sans savoir pourquoi ?

Vous vous sentez vulnérable, irritable ?

Vous êtes très émotive ?…

Ne cherchez plus : vous traversez sans doute un « baby-blues », comme 70% des mamans qui viennent d'accoucher…

Ce passage, bien que commun, n'est pas à prendre à la légère, car même si la plupart des mères en sortent seules et sans conséquence, on sait aujourd'hui qu'il peut avoir des conséquences importantes, qui toucheront directement le nourrisson…

Malgré vos bonnes intentions, vous vous sentez dépassée ou à bout ? Vous vous surprenez à crier ou à en vouloir à votre bébé ? Ces sentiments honteux, peu de femmes osent en parler… Et pourtant, entre les nuits coupées, les émotions fortes, des visites à outrance, des pleurs difficiles à consoler, le sentiment confus qu'on ne va pas y arriver; le retour à la maison peut vite se transformer en cauchemar ! Alors, comment éviter les pièges et vivre sereinement ce retour avec bébé ?

Ce qu'il faut savoir

Le baby-blues est normal : il apparait dans les 15 premiers jours après l'accouchement et est lié directement aux bouleversements hormonaux de fin de grossesse ainsi qu'aux bouleversements psychologiques liés à la naissance d'un enfant.
Pleurs, irritabilité, émotions intenses, sentiment de ne pas être à la hauteur, impression de ne pas comprendre son bébé, fatigue importante… vous indiquerons que vous êtes en plein baby-blues !

« La plupart du temps, cette période de déprime passagère ne dure que quelques jours. »

Mais si elle dure plus de deux semaines, parlez-en à un professionnel : il s'agit peut-être d'une **dépression post-partum**, plus conséquente (voir plus loin), qui demande à être prise très au sérieux.

Quelques conseils :

- **Reposez-vous dès que possible.** Le retard de sommeil risque sinon de vous rendre impatiente, irritable, et vous gâcher les premiers instants avec bébé.

- **Donnez-vous le temps de trouver vos marques** : Il est tout à fait normal de ne pas être sûre de soi au début : **un ajustement est nécessaire** qui peut prendre plusieurs jours ou plusieurs semaines selon les cas. Ne culpabilisez pas.

- **Prenez conscience que vous avez un « deuil » à faire** (de l'enfant dont vous avez rêvé, d'être une mère parfaite), un renoncement à vivre (celui de votre vie d'avant) : et ça peut être douloureux pour certaines femmes : **donnez-vous le temps de vivre cette transition** et écoutez-vous : ces premiers instants avec bébé sont précieux pour établir un lien de qualité maman/bébé.

- **Sortez de l'isolement** : si le temps où vous vous retrouvez seule avec bébé est douloureux à vivre, reprenez une vie sociale…

- **Fixez-vous donc des objectifs réalistes** pour ne pas vous décourager devant des défis trop grands à relever : réussir à faire une sieste peut être un « défi » réaliste durant les premiers jours !

- Si la situation perdure, **faites-vous aider** !

Qu'est-ce la dépression du post-partum ?

- La dépression du post-partum survient durant la première année de bébé (en général vers le 2ème ou 3ème mois) et touche 10 à 15% des mères.

- **Quelques signes d'alerte** : insomnies, perte d'énergie, sentiments de désespoir, de culpabilité, peurs, et même pensées morbides…

- Elle doit être traitée avec sérieux, comme une autre dépression

Le couple est le socle de votre vie familiale et il a besoin d'être stable et solide pour faire face aux inévitables difficultés, nous voyons ensemble **comment retrouver l'équilibre dans le couple après la naissance et retrouver une vie intime épanouissante.**

LA VIE INTIME DU COUPLE

Le couple est chamboulé par l'arrivée de l'enfant. L'équilibre du couple conjugal est parfois mis à l'épreuve. Cet équilibre a besoin d'être retrouvé pour que le nouveau couple puisse vivre cette période de vie avec la nouvelle version du couple qui devient couple "parental".

Comment retrouver l'équilibre dans sa vie intime après l'arrivée d'un enfant ? Comment surmonter les appréhensions, l'image de son corps, et retrouver une sexualité épanouie après la naissance de bébé ?

Voici 5 conseils pour vous y aider

Conseil #1 : Ne surestimez pas votre capacité à tout gérer en même temps.

Vous avez certainement envie de tout réussir et mener de front avec courage et détermination les différentes dimensions de votre vie. Vous souhaitez à la fois garder les moments de liberté de votre vie de couple avant l'arrivée de l'enfant, la spontanéité de vos moments d'intimité ET passer des moments privilégiés en famille, avec votre enfant, mener de front votre carrière, prendre du temps avec vos amis... Bref, vous avez peut-être envie comme beaucoup de jeunes parents de garder votre vie d'avant (ses avantages) tout en intégrant votre nouvelle vie. Vous vous rendrez compte tôt ou tard que l'équation est insoluble... Je vous suggère plutôt de garder "l'essentiel" de votre "vie d'avant" en considérant que **le but n'est pas de continuer à "vivre la même chose" qu'avant, mais "rester le même"** qu'avant :

Ne renoncez pas à une sexualité épanouie, mais considérez qu'elle sera différente... tout en restant plaisante et épanouissante...

Conseil #2 : Priorisez vos occupations

L'emploi du temps de parents, de surcroit qui travaillent, est vite rempli de mille et une petites et grandes occupations. Mais le temps lui, ne change pas. Il est important de prendre conscience que l'équilibre va de mise aussi avec des choix qui vont impliquer inévitablement des renoncements.

Laisser de côté des activités que vous jugerez secondaires vous libérera du temps pour votre famille et votre couple !

Conseil #3 : Organisez-vous des « temps de couple »

Le troisième conseil est d'organiser des temps en couple que vous allez vous définir de façon anticipée pour être sûr(e) de ne pas passer votre couple à la trappe. Des "rendez-vous d'amour" pour le couple en quelque sorte.

Quand on est jeune parent, on a tendance à faire passer la logistique du quotidien en premier et à laisser de côté d'autres aspects de sa vie. C'est compréhensible et normal durant les premiers mois. Pourtant, il est important de ne pas négliger sa vie de couple. Planifiez un petit repas en amoureux ou une sortie de temps en temps (que vous n'annulerez sous aucun prétexte !) pour prendre soin de votre couple.

« L'important n'est pas la durée de ce temps (il peut être court et intense) mais l'intention que vous y mettez. »

Par exemple : être complètement présent à votre conjoint à ce moment là en "coupant" avec votre vie de parent.

Conseil #4 - Donnez-vous de l'attention

Il m'est souvent arrivé d'entendre des parents parler de leur sentiment d'être mis à l'écart après l'arrivée d'un bébé. Ils n'ont pas l'attention dont ils auraient besoin et cela peut créer de la souffrance et des conflits dans le couple.

Le manque d'attention est souvent compris comme un manque d'amour de la part du conjoint : c'est une erreur d'appréciation fréquente, qui génère nombre d'incompréhensions et de conflits dans le couple...

Il est donc important de continuer à accorder du temps et de l'attention à son conjoint même si l'on se sent fatigué et obnubilé par son enfant.

N'hésitez pas à lui en faire la demande pour exprimer votre besoin et continuez au quotidien, dans les petites choses de la vie, à accorder de l'attention par un mot ou un geste qui donnera à votre conjoint le sentiment d'être pris en compte et considéré…

Conseil #5 : Allez à votre rythme !

La vie intime des jeunes parents est bien sûr faite de nouvelles règles et doit prendre en compte quelques contraintes.

Cependant, il n'y a pas de règle générale pour trouver celle qui sera épanouissante.

« Le plus important est d'aller à son rythme et de trouver un équilibre qui convienne aux deux conjoints. »

Il faut parfois du temps pour le couple avant de retrouver une vie intime pleinement satisfaisante, pour des raisons physiques du côté de la jeune maman, mais aussi psychologiques. La grossesse a laissé des traces pour la femme, qui a besoin de se réapproprier son corps et de se sentir à nouveau bien dans sa peau.

Le conjoint doit respecter cette période sans se sentir pour autant menacé et l'intimité des corps pourra à nouveau se vivre dans une confiance réciproque.

Le désir peut aussi être mis en sommeil pour l'un ou l'autre, ou les deux conjoints. Même si cela peut paraitre déroutant, ne vous inquiétez pas : ce n'est pas parce que le temps manque au début ou que la libido est comme endormie que cela va durer dans le temps.

« Accordez-vous du temps, sans vous mettre la pression et tout rentrera dans l'ordre ! »

COMMENT RETROUVER L'ÉQUILIBRE APRÈS LA NAISSANCE D'UN ENFANT ?

Avant l'enfant, le couple avait défini ses habitudes, trouvé un certain équilibre, défini en gros les places de chacun dans le couple. Peu de couples, en faisant le projet d'un enfant, évoquent les changements que ça va impliquer dans la relation, dans la répartition des places de chacun, dans l'organisation du quotidien; mais aussi dans la vie sexuelle du couple ou encore dans la réorganisation de sa propre vision de la vie. D'ailleurs, la vision que chacun se fait de l'événement et de comment il/elle souhaite le vivre est souvent très différente et suppose implicitement que l'autre soit d'accord.

Et c'est là qu'un malentendu peut s'insinuer : **chacun a une vision qui lui est propre de la parentalité, de la famille, et chacun suppose inconsciemment que l'autre sera en accord avec cette vision**. Il n'en est rien, car même si l'un et l'autre partagent des valeurs, une vision commune sur des objectifs, un regard sur la famille et le couple qu'ils veulent former, les deux conjoints, du fait de leur différence fondamentale auront des divergences, plus ou moins importantes.

« C'est une des raisons qui fait que le couple, avec l'arrivée d'un enfant, traverse une phase de réajustements pour concilier de nouveaux paramètres, dont certains étaient prévisibles et d'autres non. »

Les 5 ingrédients-clés pour retrouver l'équilibre en couple :

C'est souvent l'expérience insatisfaisante des mois qui suivent la naissance qui pousse les couplent à chercher des moyens de retrouver un équilibre, tant pour leur cellule familiale que pour leur relation de couple.

C'est aussi au bout de plusieurs mois que les besoins de l'un et de l'autre, se manifestent avec force et **le couple n'a d'autre choix que de chercher un nouvel équilibre pour tenir le choc**. Mais pour trouver cet équilibre, il ne suffit pas de le vouloir.

Certains « **ingrédients-clefs** » seront à prendre en considération pour que cet équilibre soit durable et n'empiète pas sur les sphères personnelles et familiales.

- Être **disposé(e) à entendre (et admettre) que l'autre ait une vision différente** de la sienne et à concéder certaines choses pour trouver des compromis nécessaires.

- S'obliger à **donner du temps à son couple** (uniquement) pour alimenter une relation conjugale souvent mise de côté (inévitablement) pendant les premiers temps de la vie de l'enfant.

- S'autoriser à **demander à son conjoint ce qu'on a repéré comme un besoin** ou autre chose d'important, sans se culpabiliser de penser un peu « à soi »…

- **Se situer en complémentarité avec son conjoint**, et non dans une relation assymétrique "dominant/dominé".

- Savoir qu'on doit **autant prendre soin de son couple que de soi-même** pour maintenir une bonne entente et un équilibre. L'un ne doit pas prédominer sur l'autre.

Les domaines où retrouver un équilibre

Le couple va devoir se re-situer et trouver un nouvel équilibre par rapport à plusieurs domaines :

- **La relation homme-femme** : l'arrivée d'un enfant fait croitre en maturité, ouvre des perspectives, et nous fait changer en tant qu'homme et femme. La relation à l'autre va donc forcément en être modifiée.

- **La relation père/mère** : il s'agit de la relation à l'autre parent qui va être faite de toutes les représentations qu'ont les deux conjoints de ce qu'ils souhaitent être, de leurs idéaux, mais aussi de ce qu'ils ne veulent absolument pas reproduire, de leurs peurs et de leurs blocages.

- **La sexualité et l'intimité** : dans ce domaine aussi, la perception évolue et la sexualité va gagner en "maturité" et va devoir se réajuster pour être en phase avec ce que le couple devient.

2 choses importantes à savoir pour retrouver cet équilibre

Un équilibre peut prendre plusieurs mois avant d'être trouvé et stabilisé. **Passer par des périodes d'instabilité est normal** pourvu que le couple ne s'enlise pas dans ces périodes frustrantes.

Penser que trouver son équilibre consisterait à revenir à une période antérieure est une erreur.

La situation est inédite : il ne peut donc y avoir un équilibre de couple qu'avec de NOUVEAUX repères qui vont définir et poser les bases d'un chapitre neuf pour les deux conjoints…

« L'équilibre du couple est essentiel pour les deux parents, autant que pour la cellule familiale. »

Il est donc important d'en prendre soin et si besoin de se faire aider afin d'éviter les   dégâts collatéraux à un déséquilibre : conflits récurrents et ruptures…

Pour finir, sachez que **l'équilibre n'est jamais acquis une bonne fois pour toutes**, il vous faudra faire ce petit bilan régulièrement afin de trouver l'équilibre qui convient, non seulement à vos nouveaux besoins mais aussi à ceux de vos enfants et de votre conjoint !

EXERCICE PRATIQUE

1. **Décrivez le moment privilégié que vous accordez actuellement à votre couple** de façon hebdomadaire ou mensuelle. Ou le temps que vous voudriez consacrer à votre couple.

2. De quoi auriez-vous **besoin** pour retrouver l'équilibre dans votre couple ?

JOUR #3 - TROUVER LE BON RYTHME ET ÉTABLIR DES ROUTINES

La question du temps est importante à considérer aujourd'hui : beaucoup de parents jonglent avec un agenda bien rempli entre vie active et vie familiale, activités personnelles et divers engagements, **le rythme du quotidien peut s'accélérer et devenir effréné au point parfois de provoquer tensions, épuisement** ... et dans certains cas mener les parents au burn-out...

Voici aujourd'hui des conseils pour vous aider à vous préserver, à trouver le bon tempo de votre temps personnel et familial !

« Le bon rythme, c'est celui qui vous correspond : trouvez le vôtre ! »

UNE QUESTION D'ORGANISATION

Comment planifiez-vous vos journées ? Prenez-vous le temps d'organiser vos journées et vos semaines ou faites-vous les choses "comme elles se présentent" ?

Avez-vous une liste de tâches ? Si oui, comment l'utilisez-vous?

La fameuse "Todo-list" est un outil utile, à condition d'en faire bon usage.

Vous trouverez ici quelques conseils pour vous aider à l'utiliser comme une alliée de votre organisation familiale.

Une To-do list pour limiter la charge mentale

Quand on est parent, la fatigue est inévitable et les tâches se démultiplient, amenant parfois les parents à un épuisement qui malheureusement peut s'accompagner de situations difficiles, conflits et tensions exacerbés par la fatigue et ce que l'on nomme la "charge mentale" associée à la multiplicité des choses à penser, à faire quand on devient parent...

Il est donc nécessaire de trouver des moyens d'aménager son temps, de l'organiser et de planifier les tâches pour limiter l'énergie mentale dépensée à y "penser". La "To-do list" (ou liste de tâches en français) est un outil utile à condition qu'elle soit bien utilisée !

« L'idée est simple : si vous utilisez un outil pour vous faire penser à vos tâches, votre cerveau se "déleste" de l'effort qu'il devrait fournir pour ne pas oublier. Vous allégez donc votre charge mentale ou "externalisant" certaines informations importantes sur votre Todo list. »

8 conseils pour optimiser votre To-do list

Il existe beaucoup de sites et articles pour vous expliquer comment créer votre Todo-list, mais si elle mal utilisée, elle peut s'avérer être un piège qui n'occasionnera que frustration et déception (de ne pas avoir réussi à réaliser toutes les tâches par exemple).

Elle peut en outre être un outil bien pratique qui vous soulagera.

Alors, pour échapper à la tyrannie de la « Todolist » , j'ai regroupé ici des indications précieuses pour le **mode d'emploi de la « Todolist »** :

1- Elle doit être bien **visible** (sur un coin du frigo, dans son agenda, dans son téléphone…) et transportable. D'ailleurs de plus en plus de parents utilisent leur smartphone comme support de leur liste de tâches. Certaines applications d'ailleurs remplissent très bien ce rôle.

2- Organiser par **ordre de priorité** : du plus au moins prioritaire. Ce qui vous obligera à définir clairement ce qui a besoin d'être fait prioritairement et les tâches plus secondaires... Pourquoi est-ce important ? Parce que quand nous sommes en plein "rush", quand le cerveau est submergé d'informations diverses, il ne distingue plus ce qui est important de ce qui l'est moins. Le risque est alors de faire les choses dans l'ordre "chronologique" (avec le risque de ne pas tout faire et laisser des choses importantes) au lieu de les faire par ordre d'importance.

3- Mettre aussi les **choses immatérielles** que l'on doit faire : se reposer, prendre un temps avec son fils/sa fille, parler de tel sujet avec son conjoint... Ces choses qui bien qu'importantes, passent parfois à la trappe dans le quotidien trépidant et en particulier quand on a tendance à privilégier le "faire" à "l'être"... Ces "tâches" participent particulièrement à l'équilibre familial : il est donc primordial de leur réserver une attention particulière et les faire passer dans la liste des "indispensables" !

4- Mettre des **alarmes** pour les choses les plus importantes ! Il est très simple aujourd'hui d'installer des alertes textes ou sonores aux moments importants : pour limiter le temps de la programmation, vous pouvez prévoir une récurrence : journalière ou hebdomadaire qui vous évitera de passer du temps à reprogrammer vos notifications.

5- **Décrire une action et une tâche** : téléphoner au dentiste, aller acheter une tenue de judo, faire les courses alimentaires... au lieu de "dentiste", "Judo" et "courses" : **cela évitera d'avoir à faire un "effort mental" à vous souvenir de la tâche associée au mot-clef que vous aurez notée**. D'ailleurs, il est préférable de noter les tâches séparément si vous avez plusieurs tâches associées au même mot-clef : par exemple "acheter la tenue de judo", "inscription aux cours de judo" et "appeler médecin pour le certificat médical du judo"...

6- Pour jongler entre les différentes casquettes des rôles que vous avez à jouer au quotidien; choisissez **une couleur différente par « catégorie »** : ce qui nécessite de définir pour commencer les catégories qui ont du sens pour vous : famille, personnel, travail par exemple. Les codes couleurs sont très rapides à repérer par notre cerveau : vous allez donc gagner en efficacité et en rapidité !

7- **Evitez de garder les choses plus contraignantes pour la fin**; au contraire, **essayez de vous en débarrasser au plus vite** : la suite vous paraitra beaucoup plus agréable ! C'est pourtant ce qu'on a tendance à faire spontanément : obligez-vous à inverser la tendance : vous vous sentirez soulagé(e) d'être débarrassé(e) de la tâche pénible ou contraignante pour le reste de votre journée...

8- Restez raisonnable: **ne surestimez pas votre temps**; sinon, vous ne réussirez pas à tout faire ; ce qui générera stress et frustration ! Votre liste, n'est pas une liste de souhaits ! C'est une liste de tâches qui doit être réaliste et adaptée aux circonstances : le temps dont vous disposez, mais aussi votre état de fatigue, votre niveau d'énergie (différent selon le moment de la journée), etc.

RALENTISSEZ !

"Je n'ai pas le temps !", "Dépêche-toi !"... Est-ce que ces expressions vous sont familières ?

Avez-vous le sentiment, que chaque jour est une course après le temps ? Vous sentez-vous fatigué(e), lunatique ou encore vous réagissez au quart de tour à la moindre contrariété ?

Ces signaux sont les indices avant-coureurs d'un début d'épuisement.

Mieux vaut intervenir maintenant... avant d'un arriver au "burn-out" parental.

Voici pour commencer un aperçu d'une tendance actuelle pour des parents de plus en plus nombreux, qui vise à "ralentir" leur rythme effréné, en privilégiant des temps de qualité plutôt que la quantité : de quoi peut être vous inspirer ?

Le "slow parenting » dans sa version anglophone, reviendrait à découvrir une parentalité qui prend son temps, et qui respecte les rythmes naturels des parents et des enfants !

Le « slow parenting", c'est quoi ?

Vous avez l'impression de ne pas assez profiter des enfants ? De tout faire à toute allure? De n'avoir que rarement le temps de vous poser ? ... D'autres parents ont fait la même expérience et ont décidé de se prendre en main pour tenter d'y changer quelque chose : ils ont opté pour le « slow parenting ».

Depuis quelques années, des ouvrages sortent sur ce thème. Un auteur, Carl Honoré en a publié plusieurs pour expliquer comment le « slow parenting » pourrait d'après lui, être l'anti-dote à une vie trop exigeante. L'idée n'est pas de tout faire lentement, mais juste de vivre à une vitesse « normale » par rapport à notre rythme biologique et psychologique, et celui de nos enfants. Le slow parenting prône de prendre le temps pour faire des choses essentielles et de faire du tri sur ce qui l'est moins. Le slow parenting consiste aussi à s'arrêter régulièrement, sans forcément chercher à « faire quelque chose », mais juste à « être », à savourer le moment présent. Je serais tentée de le rapprocher de ce qu'on appelle le « temps gratuit » : un temps où l'on ne se fixe pas d'objectif d'action ou de performance, un temps où se l'on se rend disponible pour vivre dans le moment présent une relation, un temps juste pour « passer du temps ensemble »…

Des parents et des enfants sous pression

Le slow parenting est né en contestation à un mouvement social actuel qui fait pression sur les familles : « faire le mieux » pour ses enfants, avec le sous-entendu que les parents ont l'exigence d'offrir le meilleur à leurs enfants sous peine d'être mal jugés : le « meilleur » étant largement influencé par les médias, la société de consommation, qui pousse à « faire » et « acheter » beaucoup de choses pour les enfants au risque d'en être complètement envahis et même jusqu'à se sentir dépossédé de l'éducation de ses enfants.

La qualité plutôt que la quantité !

L'autre idée force du concept est de privilégier dans tous les domaines, la qualité, là où la société nous pousse souvent à choisir la quantité. C'est donc un choix qui va demander parfois de refuser en conscience le flot de sollicitations pour éviter de se retrouver débordé et envahi : que ce soit dans le domaine des activités extrafamiliales ou des relations sociales : choisir de faire moins, mais mieux !

L'ennui peut être éducatif

Dans le slow parenting, il y a aussi l'idée de laisser du temps aux enfants, sans « programme » particulier. Un temps où ils vont devoir mobiliser leur imagination, sans contrainte ni pression. Un temps à leur rythme où ils auront le droit de rêver, de « trainer », de « buller ». Un temps de liberté qui peut leur donner l'occasion de se trouver, se retrouver.. d'être eux-mêmes ! N'est-ce pas finalement le moyen de les laisser expérimenter que les temps de solitude et de calme donnent l'occasion de se ressourcer et de mieux se connaitre, pour ensuite mieux vivre ? N'est-ce pas leur apprendre que le bonheur est fait aussi de pauses et de silences pour que tout le reste garde sa saveur ?

Moins de télé

La « parentalité lente » préconise assez naturellement de limiter le temps passé devant la télévision; qui n'éveille ni l'imagination, ni les capacités de l'enfant. De plus, c'est une activité chronophage (d'autant plus, si on y englobe l'usage de tous les écrans), qui empiète sur les temps libres et « vides », nécessaires à la démarche de « prendre le temps ». A cela s'ajoute l'effet incitatif de la télévision au sujet des multiples produits proposés à l'achat : l'enfant se voit pris dans un besoin inexistant à l'état naturel : le besoin de consommer, créé de toutes pièces par la société de consommation.

Il s'agit aussi d'initier l'enfant à savoir se servir de la télévision[2] de manière avisée et en garder le contrôle : savoir éteindre au moment

---

[2] Article sur ce thème : https://www.familipsy.com/Ecrans-8-clefs-pour-gerer-l-utilisation-de-la-tele-avec-des-enfants_a73.html

des publicités, ou quand le programme choisi est terminé par exemple, etc.

Le slow parenting : une philosophie ?

Pour les « adeptes » du slow parenting, la qualité prime sur la quantité, l'être sur le faire, et l'éducation ne ressemble pas à un sport de compétition dont chaque enfant devrait sortir gagnant, meilleur que les autres. En cela, on peut dire que c'est une philosophie de vie qui amène les parents à transmettre à leurs enfants les valeurs de la patience, du respect de soi, et les sensibilise au nécessaire discernement qu'ils devront faire entre ce qui est important et ce qui ne l'est pas…

Le slow parenting nous donne l'occasion de nous souvenir que l'éducation n'est ni un programme, ni une compétition, mais plutôt un voyage. Et que chaque enfant pour bien vivre ce voyage, a besoin d'un amour inconditionnel, de confiance en soi et d'une bonne connaissance de soi pour qu'il puisse oser se lancer, avancer et grandir…

INSTAUREZ DES ROUTINES

Les enfants pour grandir, s'appuient sur les repères que leurs donnent les parents : repères éducatifs, mais aussi repères temporels : ainsi, pour s'orienter dans le temps, il s'appuieront sur des habitudes, et des actions répétées (par exemple, se brosser les dents après le repas) qu'ils finiront par intégrer et permettre deux choses qui faciliteront votre quotidien :

- Aider les enfants à gagner en autonomie.

- Ne plus avoir besoin de répéter les mêmes consignes chaque jour.

Le quotidien est ponctué par des marqueurs temporels, des habitudes, des impératifs qui balisent le déroulé d'une journée : l'heure de manger, de partir à l'école, de se coucher...

Certaines activités reviennent tous les jours (s'habiller, manger, se laver les dents...) et nécessitent pour les parents de donner des consignes, rappeler les moments où ces activités sont à faire et pendant plusieurs années, ils sont les garants de cette organisation du temps au quotidien.

« Donnez à vos enfants des repères temporels, des routines, pour les aider à se situer et à intégrer la notion du temps…"

Mais qu'en est-il précisément de la notion du temps chez l'enfant ?

Comment la notion du temps se développe chez l'enfant ?

La notion du temps chez l'enfant se construit progressivement pendant les premières années de son développement.

Le temps est une construction sociale permettant de se repérer et de s'ancrer dans la vie avec les autres.

Les enfants acquièrent d'ailleurs en premier lieu la notion du temps en expérimentant des rythmes qui organisent sa journée (veille/ sommeil, notamment) puis en observant les liens entre les évènements et leur ordre chronologique : par exemple, on se met à table après s'être lavé les mains.

Tout semble montrer que nous sommes dotés d'une "horloge interne ». Mais la notion du temps est plus vaste que cela : elle concerne la capacité à définir des durées, à connaitre son âge, à planifier son temps, à estimer les possibilités et la vitesse en fonction d'une durée, etc. Elle amène aussi l'enfant à développer sa capacité à attendre : ce sera d'autant plus facile s'il a une conscience de ce qui va advenir (qui généralement passera pas le langage).

Par exemple, la parent dira à son enfant : "quand tu auras terminé de ranger ces jouets dans le bac, ou quand la grande aiguille sera tout en bas, tu pourras prendre ton goûter".

« La perspective d'un élément concret à venir, l'aidera à se repérer, et à vivre mieux la frustration de l'attente."

Et peu à peu, il pourra utiliser pour lui-même (sans l'intervention des parents) ses propres mécanismes de gestion du temps et de l'attente pour surmonter ses frustrations de ne pas "pouvoir tout faire tout de suite »

.

À partir de quel âge utiliser les routines ?

Dès 3-4 ans, les enfants sont capables de se souvenir d'une séquence d'évènements et capables de les restituer (mais ils auront besoin de la présence de l'adulte pour le rappel des échéances et des durées).

C'est pourquoi à partir de cet âge, vous pouvez utiliser des routines simples et concrètes qui seront expliquées à votre enfant et qui serviront de base pour inscrire une temporalité dans son quotidien. De plus, elles seront très utiles pour obtenir la coopération de votre enfant (nous en reparlerons).

Créez vos routines

Routine du matin et routine du soir, ces séquences d'activités à faire de façon quotidienne aideront vos enfants à se repérer dans le temps et à développer leur autonomie à faire seul, à attendre; et vous faciliteront le quotidien, réduisant ainsi votre charge mentale.

Comment ? En limitant la nécessité de devoir donner toutes les consignes journalières l'une après l'autre (et il y a en a beaucoup) et en limitant les temps (chronophages) de négociation avec son enfant, et même d'opposition.

EXERCICE PRATIQUE

Je vous propose aujourd'hui de réfléchir au rythme qui vous convient pour trouver votre "tempo".

1 - Quel est votre idéal du déroulé d'une journée ? Raisonnez en termes de "temps" consacré à chaque chose importante.

2- Quelles sont les activités qui "sautent" régulièrement de votre emploi du temps ? Ce sont probablement des choses secondaires qui peuvent aisément être diminuées ou supprimées de votre agenda... (Sauf si vous le regrettez : dans ce cas, ce peut être des tâches prioritaires qui ont besoin d'être remises en avant et passer avant d'autres tâches.)

3- Construisez votre routine du matin et de soir avec votre enfant et mettez-la en évidence. (Vous pouvez aussi définir votre routine personnelle qui vous aidera à bien commencer et terminer votre journée).

Vous trouverez sur Internet des routines à imprimer. Vous pouvez par exemple en trouver sur le site familipsy.com[3].

---

[3] En vous rendant sur ce lien : https://www.familipsy.com/Conseils-pour-diminuer-la-charge-mentale-des-parents-et-une-fiche-routines-a-telecharger_a256.html

JOUR #4 - DÉVELOPPEZ VOTRE PARENTALITÉ POSITIVE

La parentalité positive est devenue une évidence pour beaucoup de parents : s'intéresser à l'intérêt de son enfant, établir avec lui des relations respectueuses et saines, le conduire vers l'autonomie plutôt que le formater et le conditionner...

La parentalité positive est plus qu'une mode ou un luxe réservé à un groupe restreint de parents : c'est une nécessité et une nouvelle façon de vivre pleinement sa parentalité !

La parentalité positive peut s'apprendre, même quand on n'a pas reçu une éducation ouverte et basée sur le dialogue.

Voici les étapes pour devenir (ou continuer à développer ses compétences) un parent positif :

OPTER DÉLIBÉRÉMENT POUR LA BIENVEILLANCE

La bienveillance est plus qu'une tendance, c'est une DÉCISION qui va influer toutes les relations familiales : des communications affectives aux situations d'autorité en passant par la gestion des conflits. **Opter pour la bienveillance, c'est se décider chaque jour à privilégier le dialogue, l'empathie, le respect, l'écoute, la patience, la reconnaissance et l'amour** à des attitudes égocentriques, et brutales.

« La bienveillance est un choix à renouveler chaque jour ! »

Être un parent bienveillant et structurant, c'est aider son enfant à se « construire » et de la même manière que les fondations solides d'une maison sont gage de longévité et de résistance aux intempéries ; le lien créé avec l'enfant dès son plus jeune âge va l'aider pour toute sa vie et le rendra, (si le lien est de qualité) plus fort face aux difficultés rencontrées.

Mais quelles sont les bases importantes de cette approche et comment s'y prendre ?

Voici **6 clefs à retenir** :

1. **Le plus tôt, c'est le mieux !** - Pour aider son enfant à se construire et à devenir autonome, **mieux vaut s'y prendre dès le début** ; même si pendant les premiers temps, l'enfant est très dépendant de ses parents. Pour nouer une relation bienveillante

et « structurante » avec l'enfant, cela commence dès sa naissance : il s'imprègne alors de ce que ses parents lui inculquent volontairement ou non, des émotions, de l'affection dont les parents l'entourent. Puis, c'est tout au long de sa croissance qu'il faudra poursuivre ce travail de « structuration » de façon adaptée à l'âge de l'enfant…

2. **C'est au jour le jour que les liens se tissent** - Le nourrisson est sensible à l'ambiance autour de lui, au stress de ses parents, aux tensions, (à la bonne humeur aussi !), aux disputes... et peut se sentir très vite insécurisé. Et il recherche la sécurité et la réassurance, comme un **réflexe de survie** qui apparait dès que sa santé physique ou psychique est menacée. C'est pourquoi **il est primordial de créer un climat chaleureux autour de lui et fondé sur l'amour :** Le calme, les regards bienveillants, les câlins, les mots doux et les chansons fredonnées, sont autant de marques d'affection dont se nourrira l'enfant pour se construire. En grandissant, l'enfant a les mêmes besoins, avec la maturité en plus. Les gestes seront adaptés à son âge mais l'intention de sécuriser sera la même.

3. **Répondre à ses besoins** - Les besoins de l'enfant évoluent avec l'âge et les parents adaptent comme ils peuvent les réponses et leurs modes d'échanges avec lui pour combler au mieux ses besoins.
Une des conditions essentielles pour que l'éducation soit structurante et bienveillante, est de répondre aux besoins de l'enfant.

4. **Quels sont ces besoins ?**
Tout d'abord, **des besoins dits primaires**, et physiologiques : être nourri, dormir, être protégé du froid pour les plus connus ; mais aussi se sentir en sécurité et protégé ou encore

reconnu. **Répondre au besoin de sécurité par exemple, passe par des repères clairs, stables, rassurants qui sont proposés à l'enfant**. Ces repères prendront la forme de limites ou de règles à respecter dans la maison, dans les relations avec les autres ou dans les diverses activités. Ces règles vont constituer un cadre dans lequel l'enfant pourra évoluer. Il se sentira d'autant plus à l'aise si ce cadre est clair et bien repéré pour lui. **Plus tard, il intériorisera ce cadre qui lui servira de repère « interne » pour mener sa propre vie ; c'est en dire l'importance !**

D'autres besoins plus "secondaires" s'expriment : être reconnu, s'exprimer, appartenir à un groupe... Ces besoins n'ont de "secondaires" que le nom, car ils participent grandement au bon développement de l'enfant.

Maslow a largement détaillé ces besoins au travers sa fameuse "pyramide des besoins" et laisse entrevoir la variété des besoins existants.

Suivant l'âge de l'enfant, les parents répondront de manières différentes à ces besoins et **c'est un rôle primordial du parent que de savoir identifier ces besoins et d'y répondre de façon adaptée**.

5. **Créer un cadre structurant** - Pour cela, le parent devra apprendre à exprimer ses attentes, donner des consignes claires, expliquer, répéter, et encore répéter … et parfois dire « non » !

   Exprimer ses attentes à l'enfant, c'est notamment lui dire ce qu'on attend de lui dans chaque situation : « j'attends que tu te douches avant le repas », « que tu fasses tes devoirs avant d'aller jouer »…

   Donner des consignes nécessitera de savoir **formuler des demandes claires** : « repose cet objet fragile », « arrête de taper ton frère »…

Expliquer une consigne ou une règle aidera l'enfant à l'accepter puis l'intégrer : « Je te demande de mettre le couvert, parce que je crois que tu es assez grand maintenant pour participer aux petites tâches de la maison »…

Répéter, c'est accepter qu'il faudra sans doute redire x-fois la consigne avant que l'enfant prenne l'initiative seul, de faire ce qu'on attend de lui. **Répéter, le temps que l'enfant intègre la règle ou la consigne et que cela devienne un automatisme**. Répéter, c'est aussi une façon de vérifier (pour le parent et l'enfant) si la consigne est stable ou au contraire, si elle change en fonction du contexte, de la fatigue ou de qui la donne !

Il est nécessaire aussi *dans certaines situations* de **dire « non » à l'enfant**, de ne pas céder à une demande exagérée ou inadaptée (que certains appelleront "caprice") ou de mettre un terme à une activité, car spontanément, **l'enfant n'est pas capable de s'auto-réguler complètement avant un certain âge**, même s'il apprend de mieux en mieux à le faire. On observe à ce sujet, dès l'école maternelle, une capacité chez les enfants, de s'auto-réguler dans leur activités avec leurs camarades. Cependant, ils n'apprendront à le faire complètement que progressivement et dans la mesure où les parents et éducateurs lui auront appris.

6. **Le respecter, c'est la base de tout** - Respecter son enfant, c'est le **laisser s'exprimer**, même s'il n'est pas d'accord avec nous ou si ce qu'il dit nous semble irréel, exagéré ou infondé (par exemple : « j'ai peur du monstre caché sous mon lit »). Il a certes besoin que vous lui appreniez à faire la différence entre ce qui est imaginaire et ce qui est réel ; et cela se fera progressivement ; mais **il a surtout besoin de sentir que vous accueillez ce qu'il dit sans le juger ou le rabaisser, et que vous pouvez l'aider quand il en a besoin** : par exemple, le rassurer quand il est effrayé.

Respecter, c'est aussi **le laisser faire ses propres expériences** (dans la mesure où sa sécurité et celle des autres est assurée) et le laisser aller à son propre rythme, même quand il existe un décalage avec les enfants de son âge : chaque enfant a son allure, ses points forts et ses difficultés.

Respecter, c'est l'aider à **améliorer ses points faibles et encourager ses points forts**. Cela suppose de bien faire la différence entre les deux et de lui expliquer quand on est en train de « rectifier le tir » ou quand on le motive pour qu'il développe ses propres capacités.

Respecter, c'est aussi **le considérer comme un interlocuteur à part entière**. Même si on adapte son langage en fonction de son âge, il aura droit à une écoute, une prise en compte de son avis. Il saura quand on est du même avis ou pourquoi on ne lui donne pas raison ou qu'on ne répond pas à sa requête. **Tout cela lui donnera le sentiment d'exister, un sentiment de valeur** et lui permettra ainsi d'avoir une bonne estime de lui-même, **condition indispensable à son bon développement.**

Dans une atmosphère compréhensive et conviviale, l'enfant sera plus ouvert, osera plus s'exprimer et affirmer son identité. Il se sentira **reconnu comme une personne à part entière** et cela va stimuler son envie de **se connaitre**, de **connaitre les autres** et de **développer ses talents**. Il sera aussi **plus tolérant** avec les autres et s'intéressera à eux et au monde. Car par mimétisme, il agira avec les autres de la même manière qu'on agit avec lui ; et ce, depuis son plus jeune âge.

« Quand les parents respectent leur enfant, celui-ci se sent respecté. Et quand il se sent respecté, cela devient plus naturel pour lui aussi de respecter les autres. C'est la spirale vertueuse du respect, véritable compétence psychologique essentielle à toute vie sociale. »

7. **Transmettre des valeurs - Structurer, c'est aussi transmettre ce qui nous semble le plus important et qui sous-tend nos comportements** : « j'aimerais que tu aides ta sœur, car je trouve important de s'entraider dans la vie », par exemple. En donnant un cadre, vous dites quelque chose de ce que vous pensez de vous, des autres, de la vie et de vos valeurs.

L'enfant, en âge de le comprendre, étendra spontanément ses comportements (d'entraide par exemple) autour de cette valeur, même si vous ne lui avez pas donné de consigne particulière : il aidera ainsi son copain de classe dans son travail scolaire ; ce qui pourra être considéré comme un comportement « solidaire ».

La bienveillance commence dès le début de la vie et s'inscrit dans les gestes les plus anodins du quotidien. Elle n'est en aucun cas opposée au rôle structurant de l'éducation; bien que ces deux notions le soient parfois dans la littérature. Elle est plutôt un fil rouge qui orientera toute l'éducation au jour le jour, dans le but d'accompagner l'enfant vers son autonomie et son épanouissement.

FAIRE CONFIANCE À SON ENFANT

Le parent positif et bienveillant part du postulat que son enfant a des ressources insoupçonnées et que **son rôle de parent consiste à permettre à ce potentiel de s'exprimer** : à créer des situations favorables, à reconnaitre les moments propices, à stimuler son enfant...

« Le parent positif pousse son enfant à se dépasser, à découvrir en lui son potentiel : il l'accompagne et l'encourage pour déployer ses capacités et ainsi avoir confiance en lui ! »

Encore faut-il savoir comment s'y prendre... La confiance en soi est un socle essentiel au développement d'un enfant. Son développement se repose sur ce qui sous-tend la confiance en soi : l'estime de soi, véritable moteur identitaire, elle se développe, à condition que l'environnement soit propice et que l'éducation y soit favorable.

Voici donc **5 conseils pour soutenir la confiance en soi de votre enfant :**

Conseil #1 - Donnez de la considération

La considération soutient la confiance en soi de votre enfant dans la mesure ou elle lui donne l'impression d'exister, d'avoir de l'importance, de ressentir une certaine valeur personnelle. Tout se passe dans la tête de votre enfant comme s'il avait besoin du regard de l'autre, et en particulier, son parent pour acquérir progressivement le sentiment d'être quelqu'un. Regardez comment votre enfant insiste quand il s'apprête à faire une "prouesse", à ce que vous le regardiez. Remarquez combien il peut être insatisfait et déçu quand vous ne le regardez pas.

Le fait même de regarder votre enfant suffit pour lui donner le sentiment d'être considéré et d'avoir de la valeur.

« Le sentiment de valeur personnelle appuie et soutient l'estime de soi de votre enfant. »

Conseil #2 - Mettez en évidence ses qualités

Votre enfant n'a conscience que de ce que vous lui faites remarquer : il agit "spontanément" sans avoir a priori conscience de ce qui est "bien" et "mal". Votre conception est très probablement différente (voire très différente) de la sienne : par exemple, là où votre enfant voit une occasion de jeu (et de plaisir) quand il tape dans son ballon en plein milieu du salon, vous y voyez sans doute un risque de "bêtise" : votre réprobation va inciter progressivement votre enfant à intégrer que ce n'est pas "bien" (ou pas permis) de jouer au ballon dans le salon : et ce phénomène va se reproduire dans de multiples situations du quotidien !

D'ailleurs, avouez qu'il est plus facile de repérer ce qui ne va pas et que la plupart d'entre nous avons tendance à "banaliser" ce qui va bien. Dans cet exemple, vous exprimerez à votre enfant votre désaccord quand il jouera dans le salon, mais penserez-vous à lui exprimer votre "accord" quand il jouera au ballon à l'endroit indiqué et adapté ?

« Il est plus facile d'exprimer à l'autre ses défaillances, ses défauts et ses limites plutôt que ses qualités et ses progrès ! »

C'est pourquoi c'est une décision à prendre : identifier et exprimer volontairement et clairement ce qui va bien, ce qui fonctionne, ce que votre enfant a compris et ce qu'il fait de "bien" !

Conseil #3 - Donnez-lui des occasions de se dépasser

Chaque enfant a des points forts, des talents, des domaines dans lesquels il excelle plus que d'autres : ce sont **d'excellentes occasions de faire l'expérience du "dépassement de soi"** : dépasser ses propres limites personnelles permet de faire l'expérience d'un potentiel qui reste à découvrir.

Faire une telle expérience donnera à votre enfant le sentiment d'avoir des capacités qu'il ignore encore et le motivera à se donner pour aller explorer ce potentiel. **Cela lui donnera aussi un sentiment de valeur personnelle** qui soutiendra sa confiance en lui.

Conseil #4 - Faites de "vrais compliments »

Faire un compliment est un art qui ne s'improvise pas. Commençons par regarder ce que le compliment n'est pas :

- Le compliment n'est pas une flatterie stérile qui ne viserait qu'à caresser l'ego dans le sens du poil...

- Le compliment n'est pas abstrait, déconnecté de la réalité.

- Le compliment n'est pas un jugement.

Voyons maintenant comme formuler un compliment sincère et qui aidera votre enfant à avoir confiance :

- **Formulez un compliment qui s'appuie sur la réalité** : un effort, un résultat, un comportement : décrivez concrètement ce qui vous semble positif et que vous souhaitez valoriser.

- **Exprimez ce compliment à la première personne** car ce qui importe, ce n'est pas l'interprétation que vous faites de la situation (par exemple : "C'est un résultat satisfaisant") mais la perception que vous en avez et ce que cela vous "fait" (par exemple : "Je me sens fière de voir que tu as su atteindre ce résultat »).

Conseil #5 - Encouragez votre enfant

Face aux difficultés, votre enfant sera peut-être tenté de renoncer, abandonner. Pourtant, c'est en apprenant à contourner et dépasser les obstacles que votre enfant gagnera en assurance et en confiance !

Votre encouragement peut faire la différence.

Quand il fait face à une difficulté, **faites preuve de confiance dans sa capacité** à déployer d'autres ressources personnelles pour se sortir d'un mauvais pas.

« Vos encouragements l'aideront à oser continuer, à persévérer dans l'effort et à développer ses capacités et donc à soutenir son estime de soi ! »

ACCORDEZ-VOUS, AINSI QU'À VOS ENFANTS, UN DROIT À L'ERREUR...

« Si vous n'échouez pas de temps à autre, c'est signe que vous ne faites rien d'innovant. » (W. Allen)

Pour comprendre l'interêt et l'importance du droit à l'erreur, il faut la visualiser comme un élément qui fait partie intégrante de l'apprentissage, et ce dans tous les domaines. Un enfant, avant de savoir tenir debout, passe par des étapes où il chute, trébuche, mais son envie de tenir debout est tellement forte qu'il se relève, il réessaie jusqu'à temps d'y arriver.

Il en est de même pour les autres apprentissages : se servir à boire dans un verre, manger proprement, tirer dans un but, faire la roue, et même se faire des amis !

Condamner l'erreur ou penser qu'elle est intolérable, va renvoyer chacun à ses limites et son imperfection, et provoquer accessoirement un sentiment de honte chez l'auteur de l'erreur. Si l'expérience se répète, cela **va freiner l'initiative** et les nouveaux essais et donc limiter le développement des potentialités et la confiance en soi. C'est dire combien, cette question est importante.

« Le droit à l'erreur va consister à considérer les « échecs » comme des erreurs « normales ». »

Ce que ça va changer : une vision plus sereine des situations vécues comme des échecs ou encore des « bêtises » des enfants. Concevoir par avance, qu'il est normal de vivre des échecs (et donc, que c'est inutile et contre-productif de s'énerver pour ça).

Comment en faire un acte éducatif : l'erreur en tant que telle n'a rien d'éducatif. Ce qui l'est, c'est ce qu'on en fait. **Une erreur est une occasion d'apprendre à faire mieux la prochaine fois**, l'erreur est aussi un moment où l'on va mobiliser ses capacités, son raisonnement pour identifier les causes de l'erreur et y remédier.

En éducation, il est donc important d'aider l'enfant à entrevoir ce que va lui permettre de ne pas reproduire l'erreur afin qu'il ne s'arrête pas à un sentiment d'échec mais qu'il poursuive en toute confiance son apprentissage.

Il est important aussi de s'accorder à soi-même, en tant que parent, ce même droit à l'erreur : l'éducation est un art qu'on apprend à exercer avec nos limites, nos imperfections et qui nous expose à des échecs, des incompréhensions et des erreurs : une bonne opportunité pour apprendre à nos enfants comment on attend qu'ils se comportent devant leurs propres erreurs !

> Ma suggestion : **Il n'est pas simple d'accorder et de s'accorder ce « droit à l'erreur » quand nous n'y avons pas été habitué.** Commencez par l'appliquer à vous-mêmes : dites-vous que vous êtes un bon parent (c'est le cas, puisque vous avez souscrit à un programme de parentalité positive !), qui fait de son mieux, et cherche à s'améliorer à partir de ses erreurs.

Vous le constaterez facilement : ce sera beaucoup plus simple de l'appliquer à vos enfants !

METTEZ-VOUS À LA PLACE DE VOTRE ENFANT POUR ADAPTER VOS INTERVENTIONS ÉDUCATIVES

Dans la plupart des situations de la vie familiale, qui sont délicates ou difficiles à gérer, vous pouvez :

Faire un décentrage qui consiste à voir le point de vue de votre enfant ou votre ado, comme si vous étiez à sa place.

Ce qui va impliquer d'essayer de comprendre les situations de sa perspective et non de la vôtre. Pas si simple, quand on pense facilement que la seule perception valable est la nôtre !

Ce que ça va changer : vous allez voir que ses priorités ne sont pas les mêmes que les vôtres, que ses ressentis sont aussi différents, comme sa vision, ses intérêts, etc. Ce qui peut être un peu déstabilisant au premier abord.

Ce que ça va vous apporter : une autre perspective qui va vous ouvrir des horizons de compréhension et de façon d'agir. Un moyen efficace d'améliorer vos relations avec vos enfants.

Comment vous y prendre : Commencez par vous poser quelques questions simples qui vous éclaireront.

- Qu'est-ce qui est important pour « lui » dans cette situation ?

- Quel est son intérêt ?

- De quoi a-t-il besoin ?

- Qu'est-ce qui lui conviendrait en fonction de : son âge, sa personnalité, ce que je connais de lui ?

> Ma suggestion : **Entrainez-vous à vous décentrer en répondant à ces questions AVANT d'intervenir.**

Choisissez d'abord des situations simples : une consigne à donner par exemple. Puis augmentez la difficulté en choisissant des situations plus complexes : celles que vous ne « comprenez pas » habituellement, ou encore quand vous trouvez le comportement de votre enfant exagéré, inadapté.

Rappelez-vous : *Il ne s'agit pas de donner priorité à une perception par rapport à une autre, mais de vous donner le meilleur moyen de parvenir à comprendre votre enfant et donc mieux gérer vos relations !*

DÉVELOPPEZ VOS COMPÉTENCES D'EXPLORATEUR :

LA compétence importante à acquérir !

Être chasseur d'indices, c'est être capable d'identifier les indices favorables et défavorables :

Les indices favorables sont ceux qui vous permettent de voir que les signaux sont au vert. Pour votre enfant, ce sont les signes, qu'il se sent bien, qu'il est de bonne humeur, qu'il est ouvert au dialogue, qu'il est « bien disposé » pour communiquer et va se montrer réceptif. C'est un moment propice pour resserrer les liens, partager des moments complices et parler des choses importantes !

Les indices défavorables, c'est l'inverse. Ce sont les signaux au rouge, qui révèlent qu'il y a de la tension, des émotions négatives, de la frustration ou même du mal être. **Ceux-là vous permettront d'identifier les besoins de votre enfant**. *Par exemple*, si vous observez un visage triste, renfermé vous pourrez identifier un besoin d'être consolé, écouté et peut-être aussi rassuré (en fonction de la cause de la tristesse); ce qui vous permettra d'intervenir efficacement : en vous souciant de cette tristesse et en proposant votre aide par exemple, plutôt que de vous montrer contrarié(e) ou fâché devant une attitude que vous jugeriez inadaptée ou désagréable.

« Pour résumer, considérez que chaque attitude ou comportement porte un message à décoder ! »

> Ma suggestion : **Faites-le point sur ces deux catégories de signaux. Qu'est-ce qui vous permet de savoir quand vos enfants vont bien ?** (les signes vont varier d'un enfant à l'autre : certains vont plus parler quand ils sont de bonne humeur, quand d'autres vont se montrer plus calmes par exemple) **Et au contraire, quand ils ne vont pas bien ?**

Sachez qu'il y a des repères qui peuvent s'appliquer à tous les enfants et adolescents. Pour commencer, le **changement d'attitude** est le signal que l'on utilise le plus souvent pour repérer les états d'humeur changeants et la présence d'une difficulté ou d'une souffrance. Ce qui nécessite de connaitre l'attitude habituelle de votre enfant. Ensuite, soyez très attentif au **langage non-verbal**, c'est à dire aux gestes, aux attitudes, aux soupirs, aux silences qui peuvent vous dire beaucoup si vous savez les comprendre. Enfin, si **un enfant renonce à des choses qui habituellement lui font plaisir** ou l'amusent, c'est aussi un signal qui vous informera sur une baisse de motivation, un moment de stress ou un mal-être passager.

> Ma suggestion : **soyez attentif aujourd'hui aux variations de comportement et d'humeur** de votre enfant et essayez d'identifier ce qui se cache derrière. Vérifiez vos « pistes » avec votre enfant en engageant une conversation.

« Rappelez-vous : vos enfants ou vos ados vous envoient des messages au travers leurs mots, leurs non-dits et leurs comportements, qui demandent à être entendus et décodés. »

RENONCER AUX VIOLENCES ÉDUCATIVES

La France, en 2019, a banni les "châtiments corporels" : pas seulement les maltraitances évidentes, déjà interdites par la loi et destructrices pour l'enfant. Mais également les "violences éducatives ordinaires" : la fessée, la gifle, mais aussi les "corrections" verbales : brimades, moqueries ou humiliations. Pourquoi interdire ? Parce qu'**il est prouvé scientifiquement que ces actions nuisent au développement de l'enfant le rendant peureux, peu enclin à respecter l'autorité et développant des comportements anti-sociaux ou encore nuisant à sa confiance en lui**.

Le parent positif est peut être un ex-enfant ayant connu la violence éducative dans le passé, mais connait les conséquences d'une telle éducation et s'engage dans une voie de changement en se donnant les moyens de développer de nouvelles compétences.

Mais que sont précisément ces violences dites « ordinaires » ?

Toutes les pratiques parentales ne se valent pas. Les violences éducatives ont déjà été pointées du doigt comme mettant en danger l'enfant et la cellule familiale.

Mais qu'en est-il du "droit de correction" toléré aux parents ? Le texte de loi, voté le 3 Juillet 2019 à l'Assemblée nationale, démontre bien que ces "violences éducatives ordinaires" ne sont pas si anodines que certains avaient tendance à le penser...

Je ne peux pas ne pas me prononcer sur ce sujet important qui a fait (fait encore ?) controverse en France et qui est bien au coeur du questionnement sur le droit à exercer une parentalité basée sur le respect des personnes concernées et de ce fait banni toute forme de violence physique ou morale...

Mais savons-nous de quoi il s'agit précisément ?

Le terme de "violence ordinaire" est surprenant : il suppose qu'il y aurait des violences "banalisées", qui "rentreraient dans l'ordre des choses" en quelque sorte ?

Alors qu'il est bien clair (est-il utile de le rappeler ?) qu'**une violence, ne peut en aucun cas être considérée "ordinaire", c'est à dire normale**... Car la violence, quelque soient ses formes, est une atteinte directe à l'intégrité d'une personne, en particulier quand il s'agit d'une personne vulnérable, comme peut l'être l'enfant...

Si l'on regarde de plus près la définition de l'OMS, la maltraitance infantile s'applique à toutes les formes de violences, dits "mauvais traitements" qui englobent à la fois les atteintes physiques, mais aussi verbales et psychologiques.

" *La maltraitance à l'encontre d'un enfant désigne les violences et la négligence envers toute personne de moins de 18 ans. Elle s'entend de **toutes les formes de mauvais traitements physiques et/ou affectifs, de sévices sexuels, de négligence ou de traitement négligent, ou d'exploitation commerciale ou autre**, entraînant un préjudice réel ou potentiel pour la santé de l'enfant, sa survie, son développement ou sa dignité, dans le contexte d'une relation de responsabilité, de confiance ou de pouvoir. Parfois, on considère aussi comme une forme de* *maltraitance le fait d'exposer l'enfant au spectacle de violences entre partenaires intimes."*

L'ONPE [4], quant à lui, est un organisme dont la mission est de recenser les données, les actions, mais aussi prévenir et traiter les violences faites aux enfants. Les chiffres de 2016 sont alarmants : *"Le nombre de mineurs pris en charge en protection de l'enfance est estimé à 295 357 sur la France entière, soit un taux de 20,1 ‰ des moins de 18 ans."* Ce qui fait de la maltraitance infantile un phénomène suffisamment étendu pour qu'il soit l'objet de toutes les attentions.

Alors de quoi a traité exactement le texte de loi votée le 3 juillet à l'Assemblée nationale ?

Il fait suite à des lois (1989, 2007) qui se sont succédées, complétées et qui décrivent les conditions et modalités de la protection de l'enfance en France. Ces textes encadrent juridiquement la protection de l'enfant vis à vis de tout ce qui pourrait *"gravement compromettre son équilibre"*.

D'autre part, il place l'intérêt de l'enfant au centre des décisions le concernant avec cet article : « Art. L. 112-4. - *L'intérêt de l'enfant, la prise en compte de ses besoins fondamentaux, physiques, intellectuels, sociaux et affectifs ainsi que le respect de ses droits doivent guider toutes décisions le concernant.* »

En 2016, la notion de "risque de danger" est ajoutée à la notion de danger avéré : avec ces dispositions (LOI n° 2016-297 du 14 mars 2016 relative à la protection de l'enfant) *"l'organisation du repérage et du traitement des situations de danger ou de risque de danger*

---

[4] Observatoire National de la Protection de l'Enfance

pour l'enfant"; ce qui implique de considérer comme entrant dans le champ des maltraitances, toute situation de réelle violence (à l'encontre des enfants) mais aussi les violences indirectes (comme les violences conjugales, qui ont un impact psychologique sur l'enfant) ou les situations de négligences ou encore de "*violences mineures*". Car il est vrai qu'il existe plusieurs degrés dans la violence et plusieurs manifestations.

Cette violence dite "ordinaire" (puisque c'est l'appellation choisie), n'était pas tout à fait prise en compte jusqu'à maintenant; ainsi sur le compte d'un "droit de correction" parentale, certains comportements étaient en quelque sorte "tolérés" par la justice.

Pourquoi interdire les violences éducatives ordinaires (VEO) ?

Parce qu'elles nuisent à l'enfant...

Voici des éléments factuels qui ont tous fait l'objet de recherches récentes :

Comment ces violences nuisent à l'enfant ?

- INTERNALISATION PAR MIMÉTISME

- Par exemple, chez le jeune enfant, elles agissent tel un modèle que l'enfant intériorise (puis extériorise) avec un phénomène bien connu en psychologie : le mimétisme. Pour faire simple, **si l'adulte use de brutalité envers son enfant pour exprimer son mécontentement, l'enfant à de forts risques de faire de même avec les autres** : ses frères et soeurs ou ses camarades de classe.

- ANXIÉTÉ ET DÉPRIME

- **La répétition de violences ordinaires peut conduire l'enfant à se sentir anxieux et déprimé**. Anxieux d'être à nouveau confronté à des comportements pénibles et douloureux pour lui, et déprimé par le fait de se sentir impuissant devant cette violence : l'enfant n'est pas armé pour se protéger devant des situations de violence. Il va le plus souvent tenter de les fuir ou développer des troubles psychologiques qui manifesteront son incapacité à se préserver autrement des atteintes à son intégrité physique et/ou morale.

Comment ces violences ordinaires nuisent à l'adolescent ?

- RISQUE D'INSCRIPTION DE LA VIOLENCE DANS SON BAGAGE GÉNÉTIQUE

- Confronté régulièrement à la violence, l'adolescent va **banaliser** en quelque sorte ce "mode d'expression" jusqu'à l'intégrer parfaitement et ne plus être capable de faire la part des choses entre une situation normale et une situation de violence.

- BAISSE DU QI & DÉCROCHAGE SCOLAIRE

- Il a été démontré que dans un tel contexte, les **capacités intellectuelles étaient limitées**, voire altérées : entrainant un plus fort taux de décrochage scolaire. Le QI étant directement lié aux chances de réussite scolaire.

- RISQUE D'APPARITION DE TROUBLES PSYCHIATRIQUES

- **Des troubles plus graves encore peuvent apparaitre** : de l'anxiété, en passant par des conduites addictives, des troubles de l'humeur ou dans le pire des cas, des conduites suicidaires.

- RISQUE DE HARCÈLEMENT SCOLAIRE

- Les enfants soumis à de telles violences sont plus à risque de devenir la cible de harcèlement scolaire.

- Les violences éducatives ordinaires peuvent marquer pour longtemps !

Comment ces violences éducatives peuvent nuire à l'adulte ?

Les adultes sont aussi concernés. Ils sont souvent d'ailleurs d'ex-enfants et adolescents n'ayant pas bénéficié d'une aide ou n'ayant pas eu l'occasion de s'extraire de ce contexte violent et s'étant construits malgré eux avec la mémoire d'un passé violent (mémoire traumatique notamment).

- RISQUE DE MALADIE SOMATIQUE ET D'ATTEINTE DE LA MÉMOIRE. Troubles qui pourront être associés à la violence subie qu'après une prise de conscience et souvent à l'issue d'un travail sur soi-même, parfois long et fastidieux.

Mais aussi :

- RISQUE DE PROBLÈMES SEXUELS ET DE PRATIQUES SEXUELLES DÉVIANTES

- RISQUE D'HYPERACTIVITÉ ET DE TROUBLES DU LANGAGE

- SENTIMENT D'INSÉCURITÉ ET DE STRESS

- RISQUE DE TROUBLE DE LA PERSONNALITÉ

- RISQUE DE PERTE DE L'ESTIME DE SOI ET D'ISOLEMENT SOCIAL

Comment douter après cette effarante liste de conséquences possibles de la pertinence, et même de l'urgence d'agir pour faire disparaitre cette violence éducative qui n'a d'ordinaire que le nom et qui mine en silence les enfants, sabotant durablement leur potentiel de développement.

De quels types de comportements s'agit-il ?

Le texte de loi n'est pas exhaustif et précis sur la description, mais on peut aisément décliner plusieurs types de violences qui appartiennent aux catégories mentionnées dans le texte de référence :

- Brimades
- Humiliations (punition humiliante par exemple)
- Fessée
- Gifle
- Moqueries
- Dispute violente devant un enfant
- Cris
- Paroles rabaissantes et dévalorisantes

Les solutions ?

Notre conviction est depuis longtemps ancrée : la prévention des violences intra-familiales (en particulier en ce qui concerne les violences éducatives ordinaires) passe par une éducation à de nouvelles pratiques éducatives, tout en respectant la pleine autonomie et liberté de celui qui en bénéficie.

EXERCICE PRATIQUE

Je vous propose aujourd'hui de définir votre style d'éducation actuel (reprenez au besoin la partie sur ce thème) et **le style d'éducation vers lequel vous voulez aller**.

1- **Que souhaitez-vous changer concrètement ?** Choisissez une situation concrète qui ne vous satisfait pas et fixez-vous un objectif pour faire différemment. Donnez-vous une action par jour à faire et commencez par celle qui vous parait la plus importante.

2- **Qu'est-ce qui est le plus difficile ?** Il ne suffit pas toujours de souhaiter un changement pour y parvenir : nous sommes pétris d'un passé, de schémas de pensée et d'action, influencés par notre éducation... Identifiez ce qui vous parait être **le frein principal qui vous "bloque"**. Prendre conscience de vos blocages vous aidera à mieux les surmonter.

JOUR #5 - LES SECRETS D'UN AMOUR QUI DURE

L'histoire se répète : On tombe amoureux, c'est la lune de miel, on idéalise son partenaire et tout semble aller pour le mieux. L'avenir semble radieux !

Et puis arrivent les premières déceptions, désillusions, les peurs qui sèment doute et méfiance. Quelle que soit la raison, le couple tôt ou tard vit une période de turbulence et sa continuité est parfois remise en question.

Les couples de longue durée ont vécu et surmonté ces périodes difficiles. Mais qu'ont-ils vécu et fait de différent pour tenir bon ? Quels sont les « ingrédients » d'une relation au long terme ? Quels sont les secrets pour faire durer l'amour ?

REPÉRER LES INDICES DANS LA RELATION

Les études le montrent : il y a des caractéristiques communes aux couples qui durent. On connait également certains signaux prédictifs en quelque sorte de difficultés dans la relation conjugale. On croit par exemple souvent - à tort - qu'un amour passion est la meilleur configuration pour espérer durer dans le temps. Mais quand on y regarde de plus près, on se rend compte qu'au contraire, **dans les relations passionnelles les partenaires auront souvent du mal à exister pour eux-mêmes** : la relation étant tellement valorisée, que la fusion et la dépendance à l'autre semblent être les seules façons de faire couple. Exister à travers l'autre et se sentir dépossédé, déchiré quand l'autre s'éloigne.

« La relation passionnelle est une relation de co-dépendance où l'un semble ne pas pouvoir exister sans l'autre. »

Ce qui n'est pas automatiquement un problème. Surtout dans la phase dite de la lune de miel, qui est justement une phase plus fusionnelle durant laquelle l'identité semble se fondre en l'autre et où le couple est plus important que soi. Où la symbiose des deux amoureux est vécue comme un antidote à la solitude : « nous » contre le reste du monde, « nous » à la place de toi et moi.

Cependant, il serait mortifère pour le couple de demeurer dans cette phase car une identité fondue en l'autre ne permet pas d'exister pour soi-même. **L'identité mature nécessite de pouvoir tout à la fois exister et se fondre en quelque sorte dans une intimité avec l'autre où le sentiment de faire un tout l'emporte**. Mais elle a aussi nécessairement besoin d'exister de façon séparée de l'autre, de garder sa liberté d'être et de penser, de s'ouvrir au monde (à l'inverse d'une relation tournée sur elle-même).

ATTENTION AUX CRITIQUES !

Les « couples qui durent » semblent s'y prendre différemment dans leurs relations. Par exemple, ils savent exprimer à leur conjoint plus d'appréciations positives (compliments, soutien, encouragements...) que de remarques négatives (critiques, reproches, dépréciations...). Cela parait logique quand on comprend que **les phrases négatives ont plus d'impact (et plus longtemps) que les phrases positives**. Les conjoints qui s'entendent dire des reproches, ont plutôt tendance à se renfermer ou même à renvoyer dans un effet miroir instinctif, le même type de propos à leur partenaire, enclenchant ainsi une spirale relationnelle dépréciative et néfaste pour la relation.

En revanche, chacun aura pu constater combien il est agréable de s'entendre dire des compliments, des encouragements et combien **ce type de propos motive à faire de son mieux, à s'impliquer dans la relation**, et selon le même effet miroir décrit avant, renvoyer à l'autre des propos du même type.

Selon certains spécialistes, il faudrait 2 ou 3 compliments (ou phrase/geste positif) pour « compenser » une seule critique.

Le point à retenir est donc bien le fait que **les critiques peuvent être dévastatrices pour le couple** et s'en préserver parait être essentiel quand on veut faire durer la relation conjugale.

A l'inverse, les gestes de tendresse, les attentions, les paroles positives, les « je t'aime » sont des baumes pour la vie de couple, n'en soyez pas avare !

ÊTES-VOUS AMI(E) AVEC VOTRE CONJOINT ?

La question peut surprendre mais elle est centrale si vous souhaitez faire durer votre couple. Les études ont mis en évidence un élément important dans la nature de la relation entre des conjoints heureux ensemble dans une relation longue durée. **Ils ont développé avec le temps une relation complice et se confient l'un à l'autre. Ils éprouvent un profond respect pour leur conjoint et lui font confiance.**

Ah ! la confiance…. Souvent mise à mal par les événements de la vie de couple ou pour des conjoints insécurisés et méfiants (certains évènements de la vie personnelle et familiale peuvent créer des prédispositions à la méfiance, la jalousie, la possessivité), **la confiance est pourtant la condition de base pour que le lien se fortifie avec le temps et dure**. Pour s'en convaincre, il suffit de penser aux conséquences qu'auront dans la relation de couple la méfiance : suspicions sur les intentions de l'autre, jalousie, tendance à la paranoïa (à « psychoter » selon le néologisme très usité), difficultés à s'engager, peurs irraisonnées, tentatives de contrôle de l'autre, espionnage, etc.

« Le manque de confiance est l'ennemi du couple ! »

Il est donc essentiel de rétablir et nourrir la confiance dans la relation à l'autre et s'engager dans une **attitude honnête et authentique** avec l'autre : qui est une disposition nécessaire à la confiance réciproque.

DES CONSEILS EN PLUS POUR FAIRE DURER VOTRE COUPLE

- **Ne cherchez pas à changer votre conjoint.** Il faut du temps pour apprendre à aimer son conjoint comme il est (et non selon l'image qu'on s'en est faite en le rencontrant). **Acceptez-le/la comme il est et de façon inconditionnelle.** L'acceptation réciproque est la base de la relation longue durée.

- **Apprenez à résoudre vos conflits de façon pacifique.** Les disputes non réglées sont sources de mal-être. Les « gérer », en communiquant efficacement, c'est se donner des chances d'assainir la relation et augmenter le degré de satisfaction en couple.

- **Apprivoisiez vos différences.** La différence homme/femme dans le couple est une richesse, non un obstacle. Sachez en tirer parti !

- **Des ressources de qualité existent pour vous aider à restaurer le lien conjugal**, réparer la relation après une infidélité ou tout simplement surmonter les événements de la vie qui créent des turbulences dans le couple (comme l'arrivée d'un enfant) : formations en ligne, thérapie de couple, livres : si votre couple bat de l'aile, faites-vous aider. Cela vous aidera à éviter la rupture.

FAUT-IL TOUT SE DIRE DANS LE COUPLE ?

La communication dans le couple est un des ingrédients qui permettent de durer dans le temps. Et pourtant, est-il possible et souhaitable d'être dans une transparence totale avec son conjoint ? Y-a-t-il des limites à poser ? Y-a-t-il des risques à tout dire ?

Communiquer authentiquement : une base essentielle pour le couple

Quelle que soit la manière dont le couple va communiquer, il est une chose sûre : **aucun couple ne survit à l'usure du temps sans communiquer**.

Est-il nécessaire de préciser que ce qui « fonctionne », **ça n'est pas tant la « quantité de communication » que sa qualité** ? Et que l'une des qualités de la communication entre deux conjoints, consiste à être honnête et authentique avec l'autre ?

Comment être sincère et honnête, en disant sa vérité, tout en gardant le lien conjugal intact ?

Chaque conjoint développe ses propres stratégies pour résoudre cette équation difficile. Une des stratégies consiste à s'obliger à parler de tout à son conjoint. Quand on décide de tout dire, on s'engage aussi à dire ce qui déplait, à dire ses déceptions, ses doutes ou ses erreurs. On rend l'autre témoin de ses états d'âmes et changements d'humeurs…

Mais le conjoint saura-t-il toujours y faire face sans vaciller ? Sera-t-il prêt à entendre ce qui est déplaisant ? Et combien même il en serait capable, qu'est-ce que cela apporterait à la relation de couple ? au conjoint qui se confie ?

La première question à se poser pourrait donc être : quel est l'objectif (pour moi, pour mon couple) quand je promets à l'autre (et j'attends de lui) de « tout lui dire » ? Quelles sont les attentes que j'y attache ?

Le mythe d'un couple sans secret…

« Il n'y aura aucun secret entre nous ! » se promettent des conjoints… Comme si leur amour mutuel demandait à déclarer haut et fort cette croyance implicite qui consiste à penser que « si on s'aime, on se doit une transparence totale qui consisterait à tout dire à l'autre ». Comme si l'amour abolissait les limites entre les deux conjoints.

Les couples qui sont ensemble depuis longtemps, savent que **cette promesse de tout dire est difficile à tenir** : d'abord parce qu'il est compliqué de « tout dire »; ensuite, parce que malgré l'amour qu'on lui porte, l'autre reste « autre », avec ses différences. De plus, au-delà des bonnes intentions, des pièges guettent les couples qui veulent s'inscrire dans une totale transparence :

- Il y a parfois **un message implicite** qui dit à l'autre : « Puisque moi je m'engage à être transparent avec toi, j'attends que tu le sois aussi » : et de l'attente à l'exigence, il n'y a qu'un pas…

- On peut aussi vouloir **contrôler l'autre** dans ses actes et pensées, pour apaiser un sentiment d'insécurité.

- On peut aussi **s'exposer sans défense** en parlant à l'autre de ses fragilités, et en ressortir blessé(e) par une simple maladresse : chacun a sa propre sensibilité et on surestime parfois la capacité de l'autre à la prendre en compte avec bienveillance.

« Tout se dire » relèverait donc plutôt d'un mythe : celui dans lequel nous serions maitres de nos pensées, de nos désirs. Celui dans lequel hommes et femmes se comprendraient parfaitement dans leurs intentions et leur complexité. Celui où nous serions épargnés par les contradictions qui nous habitent. Celui enfin, où tout ce que nous aurions à communiquer, serait « bon à dire »…

La réalité nous oblige à considérer les aspérités de la relation à l'autre, les manques et les blessures avec lesquels on fait comme on peut, pour qu'ils n'envahissent pas trop notre vie quotidienne. Une réalité plus complexe, mais aussi plus engageante.Il n'y a donc pas à culpabiliser de ne pas réussir à tout dire.

Ne pas dire, est-ce mentir ? Le cas de T.

Depuis qu'elle traverse une période difficile, T. est prise de doutes concernant son couple : « Je ne suis plus sûre de savoir si j'aime mon mari.. ». T. est une femme honnête et sincère. Elle se sent partagée entre faire part de ses doutes à son conjoint, tels qu'ils lui viennent, ou ne pas lui dire par peur de le peiner ou même le blesser. Elle est prise dans **une contradiction** entre la sincérité vis à vis d'elle-même (je doute de mes sentiments pour mon mari : ce qui pourrait l'amener à prendre une décision quant à leur relation), et son désir de préserver son mari, et sa relation de couple (lui faire part de ses doutes, aurait probablement l'effet d'un tsunami pour lui et leur relation... En ne lui disant rien, elle l'épargne de ces tourments).

Dans cette situation, le conjoint, n'est sans doute pas le mieux placé pour entendre cette « vérité ». Elle ferait sans doute **écho avec ses propres angoisses** et rien n'est moins sûr que l'issue positive de la discussion.

Si par ailleurs, T. décide de chercher à y voir plus clair par rapport à ses doutes personnels, elle fera preuve d'honnêteté vis à vis d'elle même en affrontant une réalité peu confortable et en cherchant sincèrement des réponses. Elle peut décider de parler à son conjoint quand elle y verra plus clair sur ses sentiments et en formulant un message qui ne mette pas en péril la relation de couple. Elle peut identifier la cause qui a provoqué ses doutes et tenter d'y remédier en y incluant son conjoint : un ressentiment ou une déception par exemple, peuvent être à l'origine d'une colère qui va dissiper le sentiment amoureux. **L'issue a plus de chances d'être constructive.**

« Il ne s'agit donc pas de mentir, mais de dire « autrement ». »

Un espace de liberté sous condition

Ne pas raconter tous ses faits et gestes de sa journée (ses dépenses, par exemple), c'est **préserver un espace de liberté personnelle,** importante pour durer dans un couple. Mais cet espace de liberté, pour ne pas nuire à la relation de couple, doit tenir compte des conséquences possibles de ses faits et gestes sur le couple.

Par exemple, si vous achetez un vêtement pour un budget raisonnable, il n'y aura pas d'incidence grave sur la situation financière du couple; mais si vous décidez de faire une dépense qui ampute le budget familial de façon importante, il est probable que d'autres dépenses familiales ne puissent pas se faire; et dans ce cas, votre décision aura une incidence directe sur votre couple et votre famille, d'où **la nécessité d'en informer le conjoint qui est partie prenante des décisions qui concernent le couple**.

Note : cet exemple peut bien sûr être transposé sur les autres domaines de la vie du couple.

« Toute vérité n'est pas bonne à dire »

Le dicton populaire est plein de sagesse. Il nous rappelle que nous avons du tri à faire dans ce que nous voulons communiquer à l'autre. Le tri peut se faire en fonction de « filtres » qui nous aideraient à sélectionner les vérités qui doivent être tues. **Le filtre de l'utile** : ce que je souhaite communiquer est-il utile pour moi, pour l'autre, pour le couple ? **Le filtre du bon** : ce que je veux dire est-il bon pour moi, l'autre ou le couple ? Si la réponse est « oui », c'est qu'il s'agit d'une vérité qui mérite d'être dite ! Et parfois, il s'agit de dire les choses à un moment jugé opportun : beaucoup de malentendus seraient évités si nous savions reconnaitre les bons moments pour communiquer avec l'autre !

Trouver le bon équilibre entre « non-dits » et « tout-dits » !

Dans cette quête de vouloir tout se dire, il y a peut-être le désir latent de voir son couple vivant et dynamique, et de chercher à échapper aux non-dits qui peuvent miner une relation.

Et c'est un désir honorable pour le couple, mais le « trop » pouvant être aussi nocif que le « trop peu », mieux vaut envisager une communication de couple saine, qui tende vers plus de transparence, tout en respectant les obstacles et les sensibilités personnelles des conjoints. **C'est dans cet entre-deux que le couple pourra alimenter une communication qui sera vivifiante pour chacun et pour le couple**…

« La règle qui vous conviendra le mieux sera sans doute celle que votre couple aura défini d'un commun accord, sans pression ni contrainte. »

Certains couples s'accordent pour ne pas parler de leur journée de travail en rentrant à la maison, quand d'autres se réservent des temps d'échange quotidiens pour se « raconter ».

« Quelle que soit la règle que le couple se donne, il est important que chacun s'y sente à l'aise et que malgré la contradiction apparente, qu'il y adhère librement ! »

EXERCICE PRATIQUE

Je vous propose aujourd'hui de faire un point sur votre relation de couple. En répondant à ces deux questions,

1- **Comment définiriez-vous votre relation de couple ?** Choisissez des mots précis pour ça. Soyez honnête : reconnaissez les point forts mais aussi ce qui vous déplait, vous dérange, est insatisfaisant.

2- **Qu'aimeriez-vous changer dans votre relation conjugale ?** Il ne suffit pas de faire le constat des échecs et des manques, il est important de se donner les moyens de faire changer les choses. Pour cela, il est nécessaire de savoir concrètement ce qui a besoin d'être changé, mais aussi ce que vous êtes prêt(e) à faire pour y contribuer.

JOUR #6 - COMMUNIQUEZ POSITIVEMENT ET EFFICACEMENT

COMMENT COMMUNIQUER

Communiquer n'est pas chose aisée. Les tentatives échouent souvent dans le cadre familial, menant à des incompréhensions, et parfois même, des ruptures de communication. Plusieurs raisons peuvent expliquer cela.

Les raisons à nos difficultés de communication

Une des raisons principales selon mon expérience, est que **beaucoup d'entre nous n'avons pas appris étant plus jeunes, à communiquer de façon efficace**. Nous avons suivi des modèles : ceux de nos parents, de nos enseignants, de nos proches. Mais ceux qui nous ont servi de modèles furent parfois eux-mêmes démunis et ont pu nous transmettre des erreurs que nous avons reproduit à notre insu. Ils nous ont parfois transmis des façons de faire négatives, qui amènent à s'isoler, à tenter de se faire comprendre de manière indirecte, à utiliser la culpabilité ou encore les reproches pour exprimer un message... Bref, beaucoup d'entre nous avons intégré des schémas de communication stériles, et de plus, les utilisent la plupart du temps de manière inconsciente : ils n'ont donc **pas accès à la perspective d'un changement** conscientisé. Une autre raison fréquente repose sur des **croyances erronées** consistant à penser que l'objectif d'une communication est de persuader et convaincre, et pour finir « avoir raison ». Alors que dans la relation familiale, la communication joue plutôt comme un ciment de la relation qu'il faut savoir appliquer à bon escient, avec des techniques appropriées et dans l'optique non pas d'avoir raison mais d'établir des ponts et renforcer un lien entre deux personnes. Cette optique change beaucoup la façon dont on va entrer dans la communication. Elle sera basée sur le respect de soi et de l'autre et priorisera la relation aux égos de chaque interlocuteur, trop occupés à défendre becs et ongles leur intérêts personnels.

Définir un objectif précis

Communiquer positivement, c'est donc commencer par être au clair avec l'objectif de la communication : il s'agira plus de chercher des canaux et solutions communes que de défendre des intérêts personnels ou conquérir des "territoires psychologiques ».

Donner un message clair

Communiquer positivement, c'est aussi **délivrer un message réaliste, concis et direct**. Cela parait évident, mais nous émettons souvent des messages confus, mêlés de sous-entendus, d'approximations; qui rendent notre communication peu efficace. J'ai souvent rencontré dans les séances en couple des conjoints qui disent avoir pendant des années, tenté d'exprimer quelque chose à leur conjoint EN VAIN. Une fois qu'on la mis au jour et reformulé, le conjoint, la plupart du temps, tombe des nues en apprenant cela et semble être passé complètement à côté de la tentative de communication. Bien souvent d'ailleurs, à partir de ce moment, là, il est possible de renouer une communication plus qualitative et une relation plus satisfaisante. Pour délivrer un message clair, il est important d'utiliser **un langage concret, précis et direct.** Il est nécessaire également de coordonner le langage non-verbal au langage verbal pour renforcer son intention de communiquer et enfin, de s'assurer que l'interlocuteur est disposé à entendre et recevoir le message. En respectant ces règles simples, on améliore considérablement la qualité de la communication.

SAVOIR DIRE JE T'AIME

Dire « je t'aime" parait à la fois anodin et en même temps difficile. Certaines personnes réussissent à le formuler sans peine quand d'autres ont bien du mal à l'exprimer, comme si quelque chose rendait cette expression forcée ou pénible. D'où vient cette difficulté à dire « je t'aime » ? Peut-on se passer de ces trois mots dans la relation de couple ? Peut-on apprendre à les prononcer ?

Pourquoi dire « je t'aime » ?

Le langage nous permet de dire ce qu'on ressent et dans la relation affective, il nous aide à communiquer à l'autre nos intentions et aussi la nature de nos sentiments. Dans le langage de l'amour, les mots nous aident à exprimer nos besoins, à faire des demandes, mais aussi à remercier, à exprimer notre gratitude ou encore à révéler nos désirs.

Ces quelques mots « je t'aime » ne sont **destinés qu'à quelques personnes privilégiées** avec qui on lie des relations intimes et avec qui la relation est forte que ce soit pour un ou une ami(e), un amant, un enfant, un parent ou toute autre personne avec qui on entretient des relations d'intimité et de confiance.

Dire « je t'aime » dans l'absolu est la **marque d'un élan d'amitié ou d'amour** envers une autre personne, qui est offert, gratuit, désintéressé.

Dire « je t'aime » peut aussi servir à **faire savoir à l'autre les sentiments** qui nous animent. Dans une relation naissante, la proximité peut laisser place à l'intimité, la sympathie à des sentiments d'amitié ou amoureux, et le faire savoir à l'autre permet de faire avancer la relation vers une dimension plus profonde.

Dire « je t'aime » peut aussi être **une façon détournée de questionner l'autre** sur la nature de ses sentiments : je lui dis en espérant qu'à son tour, il m'exprime ce qu'il ressent. Ce « je t'aime » là n'est plus un don mais une quête : on quémande alors l'amour de l'autre en l'incitant à l'exprimer comme en écho à son propre « je t'aime »… Dans ce cas, l'attente déçue peut être frustrante et douloureuse.

Enfin, quand le « je t'aime » est détourné de son but premier, **il peut servir notre égo**, avide de reconnaissance et d'exclusivité; il peut enfermer l'autre dans une exigence où il se sent prisonnier de ses mots. « Il y a des ombres dans « je t'aime » (…) pas que de l'amour, pas que ça (…) Y'a du contrat dans ce mots là » nous dit J.J. Goldman dans une de ses chansons. Les « je t'aime » non-dits, mal-dits peuvent devenir le drame du couple qui peut se refermer sur lui-même et en faire une sorte de prison qui va lier l'un et l'autre à une sorte de contrat tacite qu'ils se sentiront obligés de respecter sous peine de…

Pourquoi certaines personnes n'arrivent pas à dire je t'aime ?

Celle ou celui qui n'arrive pas à dire « je t'aime » alors que ses sentiments le justifieraient, peut avoir une incapacité à le faire : il aimerait pouvoir le dire mais n'y parvient pas. Cette incapacité ressentie provient très probablement de sa plus tendre enfance, moment où il aurait dû entendre ses premiers « je t'aime »; en effet, certains n'ont quasiment jamais reçu ces mots quand ils étaient enfants et n'ont donc pas pu intégrer cette marque d'affection comme normale ni associer ces mots à l'expression d'un amour. Ils en ont sans doute intégré d'autres; mais pas le « je t'aime ». En grandissant, ils auront par mimétisme, pris l'habitude de se comporter de la même manière que leurs parents dans leurs propres relations affectives, qu'elles soient amicales ou amoureuses et ont pu traverser l'adolescence et arriver à la vie adulte sans jamais prononcer un « je t'aime » (ou de façon « forcée »; ce qui revient presqu'au même). Pour eux, dans leur couple, dire « je t'aime » ne sera pas une marque d'affection naturelle et évidente. Il ne ressentiront d'ailleurs peut-être même pas le besoin d'entendre ces mots (si le conjoint ne l'exprime pas).

L'autre raison possible est qu'elles aient pu **souffrir d'une déception amoureuse** douloureuse qui les a alors rendu méfiantes et frileuses à trop exposer leurs sentiments, à donner leur confiance. Et dire « je t'aime » met à nu, expose à l'autre et devient risqué pour qui les prononce, car ces mots donnent accès à ce qu'il y a de plus intime et donc fragile en soi… Si nous avons été blessé, si notre confiance a pu être abusée, nous aurons alors du mal à redonner notre confiance, à « ouvrir notre coeur » à un autre. Il nous faudra alors réapprendre la confiance à l'autre…

En quoi ne pas dire « je t'aime » peut devenir un problème dans le couple ?

Chez le conjoint qui exprime facilement « je t'aime », il y a une attente d'entendre à son tour ces mots qui pour lui rassurent, manifestent des sentiments et lui permettent de se sentir sécurisé dans sa relation affective. Si l'autre conjoint ne formule jamais ces mots ou le fait de façon forcée, apparaitront alors des malentendus : le conjoint ne comprendra pas d'emblée pourquoi l'autre ne les prononce pas. Ce qu'il risque de se dire, c'est : « il ne me dit pas « je t'aime », donc, il ne m'aime pas » ». Il sera important ici de dialoguer pour dissocier les sentiments des marques d'affection; pouvoir dire à l'autre et entendre de l'autre que nous n'avons pas la même façon d'exprimer notre amour et que nous n'avons pas non plus les mêmes attentes concernant ces marques d'affection.

Par exemple, si j'ai reçu des marques d'amour verbales depuis ma tendre enfance, je m'attends inconsciemment à ce que mon conjoint m'exprime aussi verbalement ses sentiments; et si cette attente est déçue, je peux ressentir un manque. À ce moment, soit je sais exprimer clairement ce dont j'ai besoin à mon conjoint; soit je vais tenter indirectement de lui montrer ma frustration, et peut-être au fil du temps, lui en vouloir de ne pas me donner ce que j'estime être légitime et normal…

« Des disputes éclatent fréquemment dans les couples autour de cette question des marques d'affection non données ou mal reçues et d'une difficulté à communiquer sur ce point. »

Comment améliorer la relation de couple ?

Il est important que se tisse au sein du couple une vraie communication du coeur, au cours de laquelle les conjoints pourront exprimer leurs désirs, leurs besoins, et trouver ensemble une manière de les concilier pour que chacun puisse y trouver son compte. Cette expérience pourra même être l'occasion pour les deux conjoints de se faire inventifs et de sortir de leurs habitudes pour aller vers l'autre et le rejoindre dans ce qui fait sens pour lui… Une occasion de sortir de soi, de laisser un peu son Ego pour se faire don pour l'autre… N'est-ce pas là faire preuve d'un amour véritable pour celui ou celle que l'on aime ?

Si la communication est difficile ou ne suffit pas, on pourra se faire aider. Un conseil conjugal ou une thérapie de couple peuvent aider à dénouer une situation ou à faciliter une communication pour une relation conjugale plus épanouie.

Si vous-mêmes, n'arrivez pas à dire « je t'aime », sachez que c'est aussi quelque chose que l'on peut apprendre à faire, même si cela peut prendre un peu de temps et de travail sur soi-même...

Les langages de l'amour

Saviez-vous qu'il existe plusieurs façons d'exprimer et recevoir l'amour ? Nous venons de voir qu'il peut s'exprimer par des mots; mais on peut aussi montrer son amour en offrant un cadeau ou encore en ayant des attentions pour l'autre, signe qu'on se préoccupe de lui, de ce qui l'intéresse et lui importe. Rendre service est une autre marque d'affection, qui parait plus indirecte mais qui faite vraiment gratuitement, peut manifester des sentiments sincères. Et enfin, il ne faut pas oublier les gestes de tendresse : caresses, étreintes ou baisers qui peuvent aussi en « dire » long sur la nature de nos sentiments !

Parler positivement

Communiquer positivement, c'est être capable de parler dans le but d'un bienfait sur l'autre. Par exemple, on peut parler pour encourager, soutenir, manifester son affection comme nous l'avons vu mais aussi pour rassurer.

Savoir choisir les bons mots, c'est se donner le moyen d'assainir les échanges en famille et de mettre en évidence les forces plutôt que les faiblesses, apaiser une situation plutôt que l'envenimer, augmenter la motivation plutôt que démotiver, apporter un soutien moral plutôt que d'ignorer...

Vous trouverez sur la page suivante une fiche-outil comprenant 20 phrases à utiliser (sans modération) pour communiquer positivement avec votre enfant :

20 PHRASES POSITIVES À UTILISER EN FAMILLE

EXERCICE PRATIQUE

1. Faites le point sur les **points forts et faibles** de votre stratégie de communication et cherchez des solutions pour améliorer les interactions avec vos proches.

2. **Transformez les phrases négatives** (« Ne fais pas ça », « Tu vas tomber », « J'en ai marre que tu... ») par des phrases positives (« Je voudrais que tu fasses... », « Attention à la marche ! », « J'aimerais que tu... ») : vous serez surpris du résultat.

Familipsy vous offre :

20 PHRASES
POSITIVES

... à dire pour donner confiance et
assurance à vos enfants

1-POUR AIMER

- Je t'aime comme tu es
- J'ai confiance en toi
- Tu es important(e) pour moi
- J'adore passer du temps avec toi
- Tu es unique

2-POUR ENCOURAGER

- Je sais que tu vas y arriver
- Je crois en toi
- Tiens-bon, tes efforts vont payer
- Félicitations !
- Tu es sur le bon chemin

3-POUR SOUTENIR

- Je suis là, tu n'es pas seul(e)
- Je suis avec toi
- Continues, je vais t'aider
- Tu fais preuve d'un tel courage !
- Fais de ton mieux, c'est ce qui
compte !

4-POUR RASSURER

- Tu peux apprendre de tes erreurs
- Tu as la solution en toi
- Tu as déjà montré tes capacités
- Ta différence, c'est ta force !
- Gravir une montagne commence
par un pas

A consommer sans modération !

ASTUCE : DEMANDEZ À VOTRE ENFANT
QUELLES PHRASES LUI FONT LE PLUS DE BIEN

OFFERT PAR : Familipsy

Créé par Nathalie Colin-Fagotin

JOUR #7 - CHOISIR LA "POSITIV' ATTITUDE"

La psychologie positive, « science du bonheur » donne des clefs pour soutenir une parentalité bienveillante, respectueuse de chacun, altruiste. Il y a maintes façons de l'utiliser au quotidien. Cela passe par exemple par la façon dont on s'adresse à son enfant. Choisissez-vous de concentrer votre message sur ce qui ne va pas ? Sur les erreurs et les défauts ? Ou préférez-vous focaliser votre attention sur les réussites et les talents de votre enfant ? Cette seconde option demande, pour qui n'y est pas habitué, un certain entraînement...

SAVOIR SE REMETTRE EN QUESTION

La plupart d'entre nous n'aimons pas nous remettre en question, admettre que nous n'avons pas raison sur tout, que nous faisons des erreurs. Nous sommes mêmes **prédisposés à nous installer dans des schémas familiers, mêmes s'ils nous rendent malheureux**. Ainsi, notre cerveau fonctionne comme s'il avait une préférence pour ce qu'il connaissait déjà et que pour changer sa manière de penser ou d'agir, il fallait un certain « entrainement » à la nouveauté. Et pourtant, nous avons hérité de certaines habitudes qui peuvent nous éloigner du bonheur en famille : des souvenirs liés à la vie familiale par exemple si nous avons connu nos parents malheureux en couple ou si nous avons vu notre famille se désunir et en avons souffert.

Un héritage de notre expérience aussi si nous avons intégré, d'une manière ou d'une autre, une certaine conception de la vie : « la vie, n'est pas une partie de plaisir », « la vie est dure », « le bonheur n'existe pas ». Si c'est le cas, nous sommes prédisposés à voir la vie avant tout comme une succession de difficultés, de souffrances et donc, nous nous en protégeons par avance.

Pensez à ceux qui, autour de vous, lancent, l'air de rien, un « Je préfère penser au pire pour ne pas être déçu » ! Ils anticipent une vie décevante pour se protéger de la souffrance liée à la déception ! La pensée qui se cache derrière cette expression et cette position par rapport à la vie consiste à se dire que si je reste « en bas » de ma vie, je ne risque pas de me faire mal si je tombe, ou si je suis déçu. Mais plus problématique encore, cette pensée prépare au pire et d'une certaine manière **influence les évènements** dans le sens de donner raison à cette pensée; ce qui est un cercle vicieux : « J'avais raison d'appréhender le pire : le pire s'est produit. J'ai encore plus raison de penser au pire. » C'est ainsi que nos pensées se renforcent, négatives ou positives, la plupart du temps, sans qu'on s'en rende compte.

C'est donc un vrai retournement qui doit s'opérer quand on prend conscience de nos « schémas négatifs » afin de pouvoir les « reprogrammer » en « schéma positif ». Comment reprogrammer ses « schémas négatifs » ? Cela passe par une remise en question afin d'identifier ce qui a besoin en nous d'être changé : des travers, des habitudes néfastes, des pensées limitantes, des stratégies d'auto- sabotage, etc.

Changer en deux étapes

La première étape est donc une prise de conscience qui va s'opérer naturellement ou avec l'aide d'une tierce personne et qui va nous permettre de pointer du doigt tout ce qui nous bloque ou nous freine. Cette étape est douloureuse mais nécessaire et peut parfois prendre des années.

La seconde étape consiste à voir clairement l'objectif vers lequel on souhaite tendre. Savoir dans quelle direction on souhaite aller et avoir la motivation d'avancer dans cette direction. Il ne s'agit pas juste de se dire : « je veux changer », ou « je veux aller mieux ». Il faut savoir précisément ce qu'on aimerait changer et ce qui nous permettrait d'aller mieux. Au plus nous sommes précis et concrets; au mieux nous nous disposons à vivre ce changement.

Alors, qu'est-ce qui, en vous, vous empêche d'être heureux ?

***Mon conseil** : Faites une petite introspection avec le plus d'honnêteté possible et identifiez ce qui en vous, vous empêche de vivre des relations paisibles avec vos proches : et n'hésitez pas à vous faire aider pour cette étape délicate.*

DÉVELOPPEZ VOTRE POSITIV' ATTITUDE !

Être positif, c'est être optimiste :

L'optimisme consiste non seulement à voir le bon côté des choses, le « verre à moitié plein », mais aussi d'espérer que les choses aillent de mieux en mieux.

> Ma suggestion : **Entrainez-vous cette semaine à regarder en toutes circonstances le côté positif**, même (et c'est important) dans les situations difficiles. Par exemple, une situation d'échec peut avoir un « bon côté » dans la mesure où elle peut nous amener à apprendre quelque chose sur nous-mêmes, sur notre enfant, à inventer de nouvelles stratégies, à développer d'autres compétences, etc.

Être positif, c'est avoir confiance :

La confiance est un atout essentiel pour réussir sa vie de famille. La confiance en soi pour commencer, la confiance que vous aurez en vos enfants, en votre conjoint, mais aussi dans la capacité de votre famille à franchir les obstacles, et à être heureuse…

Mais la confiance n'est pas une évidence : elle est même parfois mise à rude épreuve dans la vie de parent : les échecs à répétition, une mauvaise estime de soi, la projection que l'on fait sur un enfant qui ressemble à un membre de la famille qui a « échoué »…

> Ma suggestion : **Cette semaine, vous décidez de faire un peu plus confiance à : vous, vos enfants, votre conjoint.** Vous l'exprimez de façon claire : verbalement ou par un geste, un mot, une attitude.

Être positif, c'est se créer des souvenirs heureux : 

Les petits et grands bonheurs de la vie de famille renforcent les liens. Encore faut-il en garder mémoire et développer une capacité à les savourer. Dans toute journée, il y a du « positif » à trouver, pour peu qu'on sache y regarder de près. **Le positif ne se mesure pas au caractère exceptionnel d'un évènement, mais à l'intensité du moment vécu.**

> Ma suggestion : **Prenez le temps en fin de journée de « photographier » 1 ou plusieurs souvenirs heureux de la journée en famille.** Ressentez la chance (et la gratitude si cela vous inspire) d'avoir vécu ce ou ces moments heureux. Si vous avez plusieurs enfants, essayez de trouver un souvenir positif pour chacun d'entre eux.

SAVOURER LES PÉPITES DU QUOTIDIEN

Les gens heureux vous le diront : **le bonheur est fait des petites choses de la vie**. Rien d'extraordinaire en somme pour être heureux en famille, mais avec ces petites choses du quotidien, en faire de vraies « pépites de bonheur » !

Un bon repas, un fou rire, un moment de tendresse, des regards échangés ou un sourire : tout peut devenir bonheur pour qui sait le savourer. **Car elle est bien là la clef : apprendre à savourer ce qui, au premier abord, semble simple et banal.**

Certains disent qu'ils parviennent plus facilement à profiter des « petites choses » quand ils en ont été privés un moment. Tout se passe comme si pour se rendre compte de la préciosité de notre quotidien, nous avions besoin d'en voir la fragilité. Comme si nous avions besoin de prendre du recul, pour savourer la saveur de notre vie. N'avez-vous jamais réalisé quand un invité vient vous rendre visite chez vous et qu'il vous lance un « Vous vivez dans un bel endroit ! » ou « Quelle chance vous avez ! » que tout à coup, ce qui vous semblait normal et banal prend tout à coup de la valeur par le simple fait de le voir comme « une chance » !

Et bien, pourquoi attendre que quelqu'un vous fasse ce retour ? Pourquoi ne pas commencer de vous-mêmes à considérer votre quotidien comme une chance ? A vous dire chaque soir : « Aujourd'hui, j'ai eu la chance de... » et de compléter chaque soir par vos petites et grandes expériences de la journée ? Et de commencer la journée avec l'impatience des jours « spéciaux » qui nous mettent en joie dès le lever du lit. Il ne s'agit pas de trouver des raisons extérieures de se trouver « chanceux », mais plutôt de chercher dans ce que l'on a déjà, et d'apprendre à le regarder comme une « chance », un « cadeau »... Et pour ça, nul besoin de vivre des choses extraordinaires. Quelque soit notre situation, nous avons tous de quoi nous émerveiller chez nos proches, dans la nature qui nous entoure, et même en nous-mêmes, quand nous savons y regarder...

Mon conseil : *Prenez la vie comme un cadeau qui vous est offert chaque matin et savourez les pépites de bonheur que la vie vous offre : vous découvrirez des trésors de gratitude !*

LA BOITE À PÉPITES

Cette boite à pépites est conçue comme une boite à idées dans laquelle vous pouvez « piocher » selon vos inspirations et vos goûts. Vous pouvez bien sûr la compléter avec d'autres pépites qui vous sont déjà familières !

Pépite n°1 : Le temps gratuit

Le temps gratuit est un petit moment que vous « offrez » à votre enfant sans attente particulière, sans condition. C'est un temps de disponibilité durant lequel vous vous ouvrez juste au moment présent, à ce qui se présente, à l'activité que votre enfant a choisi. Ce temps peut durer quelques minutes ou plus. Ce qui compte, c'est la qualité de votre présence à ce moment précis plus que la quantité. Faites-le sans contrainte ni sentiment d'obligation. Ce temps gratuit va améliorer la relation avec votre enfant.

Pépite n°2 : Le temps partagé

Comme tous les parents, vous cumulez plusieurs casquettes qui vous prennent toutes du temps… Le temps partagé vous permet de prendre en compte chacune des facettes de votre vie de famille et de consacrer régulièrement du temps pour chacune d'elle (enfants, couple, temps seul). Voici aussi quelques casquettes de parent que vous aurez à « partager » : parent, ami(e), conseiller, coach, guide, confident…

Pépite n°3 : Le jeu

Quelque soit son âge, votre enfant ou ado aime jouer. C'est naturel et très plaisant pour lui. Prenez du temps pour partager une activité ludique que vous aurez choisie ensemble. Le jeu permet aussi de sortir d'un schéma relationnel vertical et occasionne généralement de beaux moments de complicité !

Pépite n°4 : L'humour

Parmi les stratégies pour faire face aux difficultés du quotidien, nous possédons une panoplie de stratégies, la plupart inconscientes, appelées « mécanismes de défense ». Une des stratégies considérées comme les plus bénéfiques et constructives est l'humour. Développez-donc votre capacité à tourner en note humoristique les contrariétés du quotidien. L'humour possède beaucoup de palettes comme l'auto-dérision, l'exagération… Choisissez ce que vous convient. Les seules formes d'humour à éviter sont : l'humour noir, l'ironie et le sarcasme.

Pépite n° 5 : Casser le rythme

Nous sommes vite « pris par le temps »; surtout à une époque où le temps s'accélère et les sollicitations sont nombreuses. De temps à autre, prenez le temps de « casser le temps » ! ;-). Ce qui signifie, d'avoir des moments qui n'ont pas besoin d'être chronométrés, vécus dans le « speed », du temps juste pour prendre le temps ! Les enfants, (et chacun d'entre nous) ont besoin de ces moments « suspendus dans le temps » pour ne rien faire d'autre qu'ÊTRE !

Pépite n°6 : Le rire

Le rire est libérateur, il détend et chasse les tensions. Usez du rire et abusez-en ! Quelque soit le moyen de le créer : concours de blagues, mimes, séance de « chatouilles », bataille d'oreillers, danse en « freestyle », grimaces, surprises… Tout est bon pour provoquer de bonnes séances de fous rires qui désamorceront bien des situations tendues !

Pépite n° 7 : Les câlins

Depuis leur naissance, les enfants ont BESOIN de câlins, de proximité physique, de contact « peau à peau », d'être contenu dans des bras affectueux et rassurant. En grandissant (et même à l'adolescence), ils continuent d'avoir besoin d'être pris dans les bras, embrassés, serrés pour fort pour les aider à se sentir aimés, en confiance, rassurés. Prenez-le temps de câliner vos enfants. Le câlin de surcroit permet de tisser qualitativement la relation entre vous et votre enfant.

Pépite n° 8 : La reconnaissance ou gratitude

Un enfant a besoin de s'entendre dire qu'il compte, que ce qu'il fait a de la valeur, que ses efforts sont appréciés. Dire « merci » permet de ressentir cette reconnaissance dont chaque être humain a besoin. Pensez à dire merci à votre enfant, même pour des petites choses ou des évidences (« Merci d'être là ! »). Il ne s'en sentira que plus confiant et vous le rendra très certainement.

Pépite n° 9 : Les p'tits mots d'amour

Dites-vous « je t'aime » à votre enfant ? Si non, c'est le moment de commencer, même (et surtout) si vous n'avez pas beaucoup entendu ces mots dans la bouche de vos parents à vous. Ces trois petits mots sont comme un baume apaisant qui vont aussi soutenir l'estime de soi de votre enfant/ado.

Pépite N°10 : La boite à mots doux

Il s'agit d'une petite boite qui contient des mots et des petites phrases préalablement écrites dans laquelle vous et vos enfants pourront « piocher » selon votre envie, humeur et intuition ! Vous pouvez écrire ensemble les mots que vous avez envie d'entendre et fermer les bouts de papier pour garder l'effet surprise. Voici quelques exemple de mots pour démarrer : « Tu es belle », « Aujourd'hui est une belle journée ! », « Je respire profondément et je me sens bien », « tu es formidable ! »… À vous de jouer !

Ma pépite préférée :_______________________________________

La pépite préférée de mon enfant :____________________________

Une autre pépite que j'aime bien : ____________________________

EXERCICE PRATIQUE

1. **Entrainez-vous à la gratitude** : Au cours du repas du soir ou avant d'aller se coucher, prenez un temps en famille pour se remémorer un évènement, un moment de la journée que l'on a aimé. Nul besoin de chercher des choses extraordinaires : le sourire de la voisine, un coucher de soleil, ou un bon repas pourront être des choses positives qui nous inspirent de la gratitude.

2. **Choisissez trois pépites que vous aimez en particulier.** Proposez de faire de même aux enfants. Vous serez peut-être surpris de leurs réponses.

JOUR #8 - INTELLIGENCE ÉMOTIONNELLE

QUE SONT LES ÉMOTIONS ?

Une émotion, est **une réponse physiologique à une stimulation, à une modification de l'environnement**. Elle est en général, de forte intensité et entraîne des manifestations expressives, physiologiques et subjectives.

Les émotions entrainent des comportements instinctifs et imprévus quand elles ne sont pas régulées.

La genèse des émotions

Les émotions deviennent de plus en plus subtiles avec le temps.

Le nouveau-né distingue tout juste ce qui lui est confortable et inconfortable.

Vers 2 ans, les émotions primaires apparaissent et l'enfant est capable d'exprimer la joie, la peur, la tristesse, la surprise, l'amour ou encore la colère. Avec le développement de sa vie sociale et notamment l'entrée à l'école maternelle, les émotions de l'enfant sont plus nuancées: la jalousie, la honte ou encore le dégoût viennent compléter le tableau…

Chacune joue un rôle, et permet de s'adapter à toutes les situations de la vie. On peut les classer en deux catégories : les émotions positives, agréables; et les émotions négatives ou désagréables.

La pensée et l'émotion sont étroitement associées : elles interfèrent l'une sur l'autre en permanence.

En outre, si la pensée ne régule pas les émotions, elles peuvent devenir envahissantes, pénibles à vivre au quotidien. L'enfant doit donc apprendre à « socialiser » ses émotions pour qu'elles soient acceptables pour lui et pour les autres.

Comment nait une émotion ?

Les avis divergent concernant le déclencheur en cause dans l'apparition des émotions, mais des zones du cerveau ont par contre été identifiées comme impliquées dans l'expression des émotions.

Dans l'organisme, les émotions passent par **trois étapes** :

1-Charge, 2-Tension, 3-Décharge

Pour la peur par exemple, voici ce qui se passe dans l'organisme :

1-libération d'adrénaline —> hausse du rythme cardiaque —> approvisionnement du corps en sucre et oxygène.

2- Mobilisation d'un maximum d'énergie pour faire face à la situation.

3- Retour au calme : les tensions se relâchent (pleurs, tremblements).

Quelle place ont les émotions dans la mémoire ?

Les émotions sont étroitement **liées aux souvenirs** : un souvenir terrifiant peut faire ressurgir la peur au simple fait de se le remémorer. Mais aussi, elles ont tendance à renforcer nos schémas de comportements : si une activité m'a procuré de la joie, je vais chercher à revivre la même expérience, convaincu qu'elle m'apportera une émotion aussi agréable.

COMMENT AIDER SON ENFANT À GÉRER SES ÉMOTIONS ?

Les enfants passent par toutes sortes d'émotions et semblent même souvent submergés par elles. Et pourtant elles sont essentielles à la vie et même à la survie ! Comment se déclinent-elles ? Comment apparaissent-elles ? Quels rôles jouent-elles dans le développement de l'enfant ?

L'enfant doit **apprendre à nommer et donc identifier ses émotions** pour **mieux en prendre le contrôle**.
Il doit aussi apprendre ce qu'il a le droit de faire ou pas avec cette émotion : certains comportements ne sont pas permis pour vivre avec les autres : les taper ou les mordre par exemple.
Il va aussi **apprendre à tenir compte des émotions des autres** et à les reconnaitre pour savoir comment se comporter.
Tout cela peut être regroupé sous une appellation admise aujourd'hui d'**INTELLIGENCE ÉMOTIONNELLE**.

Il s'agit aussi **intégrer les codes culturels** liés à l'expression et la gestion des émotions : suivant les cultures, les expressions faciales vont changer, les pleurs peuvent être encouragés ou réprimés, l'expression des émotions peut être valorisé ou non, etc.

En résumé, socialiser ses émotions, c'est reconnaitre, nommer, exprimer à bon escient et adapter ses comportements en fonction de son environnement.
D'où l'importance d'éduquer les enfants sur cette question.

Que vise l'éducation aux émotions ?

Il ne s'agit plus comme en une époque révolue, d'apprendre à "réprimer" ses émotions, mais au contraire à les connaitre, les extérioriser et les canaliser.
Il ne s'agit pas non plus de les laisser nous gouverner, mais bien de les contrôler et en faire des alliées...

Qu'est-ce qui aide les enfants à gérer leurs émotions ?

- Des objets (comme le « doudou ») peuvent l'aider à les exprimer et mieux les traverser.

- Les histoires qu'on lui raconte (ou qu'il se raconte) l'aident à les apprivoiser.

- Le jeux (et notamment les jeux de rôles) l'entraînent à mieux les exprimer et les réguler.

- Le modèle des autres : en particulier de ceux qui sont importants pour l'enfant : les parents, en première ligne, bien sûr.

Y a-t-il des particularités suivant les enfants ?

Certains sont plus sensibles aux émotions, on les dit "émotifs" ou "hypersensibles"; d'autres les expriment avec plus de facilités, sont plus expressifs. Les particularités existent et influenceront la gestion des émotions. De la même manière, suivant son âge, l'enfant n'aura pas les mêmes ressources pour faire face à une émotion intense ou l'exprimer efficacement. Il est dont primordial de prendre en compte ces spécificités si l'on veut comprendre les réactions d'un enfant ou si l'on accompagne un enfant dans la gestion de ses émotions.

GARE AUX ÉMOTIONS NÉGATIVES OU DÉSAGRÉABLES

Les émotions désagréables, si nous ne les gérons pas, agissent comme de véritables poisons dans notre vie personnelle et familiale.

« Les frustrations non exprimées, les colères mal gérées, sont responsables de bien des conflits dans le couple et la famille. »

Ce qui est surprenant, c'est que la colère semble se répandre comme par contamination aux autres membres de la famille. Parmi les familles que j'accompagne, il n'est pas rare d'entendre une colère sourde de part et d'autre pour les conjoints, les enfants ou un membre de la famille qui n'arrive pas à s'exprimer autrement que par l'agressivité, les reproches, les menaces ou d'autres comportements plus subtils comme l'indifférence ou la fuite... Parmi les comportements que j'observe chez les enfants, je constate souvent de l'opposition passive qui traduit souvent une colère latente qui s'exprime à travers leurs comportements est très fréquente.

Au final, **ces comportements inappropriés amplifient le problème initial au lieu de le résoudre et génèrent de plus vives émotions encore** : la colère alors, enfle jusqu'à devenir aveuglante et destructrice...

Avant que cela tourne au drame, il est important de trouver des alternatives pour réguler cette colère ou toute autre émotion négative.

Comment ? La clef se trouve dans la gestion des émotions et de son propre stress. Il s'agit en effet, de mieux se connaitre et de reprendre le contrôle sur son vécu intérieur, d'apprendre à canaliser sa colère, à l'exprimer positivement, sans violence.

Pour gérer vos émotions, il est nécessaire tout d'abord de s'autoriser à **ressentir des émotions,** même si elles sont quelques fois contradictoires ou mêmes honteuses. Certains parents se disent pris par des tempêtes émotionnelles où se mêlent l'amour qu'ils ressentent pour leurs enfants, leur conjoint, et en même temps, la déception de voir que la réalité n'est pas à la hauteur de ce qu'ils espéraient, la colère vis à vis d'un enfant turbulent, d'un conjoint peu attentionné, la tristesse... Au final, c'est un mélange explosif d'émotions parfois difficiles à identifier... et donc à gérer.

Prenez le temps de **clarifier vos ressentis** : vous parviendrez plus aisément à trouver les réponses adaptées à chaque situation.

Une fois ces émotions identifiées, vous pourrez apprendre à les apprivoiser, les exprimer et les réguler afin qu'elles cessent de vous empoisonner le quotidien et deviennent de véritables alliées.

COMMENT APPRIVOISER ET MIEUX GÉRER SES ÉMOTIONS ?

Les émotions sont tour à tour nos alliées ou nos ennemies. Elles nous gouvernent au point parfois de ne plus savoir ce que l'on fait. Certaines d'entre elles sont pénibles à vivre même : colère, jalousie, déception… Elles sont d'ailleurs plus fortes avec nos proches, ceux à qui nous sommes attachés : notre conjoint, nos enfants…

Pour mieux vivre les émotions au quotidien, et échapper à leur emprise, il est important de pouvoir réguler leur force et gérer leur influence. Mais cela demande quelques compétences que nous allons voir ensemble. Il est dans un premier temps nécessaire de reconnaitre leur existence; ne pas faire « comme si de rien n'était », et même plus de l'accepter… pour mieux la gérer.

Identifier les émotions.

Si je vous demande comment vous vous sentez aujourd'hui, sauriez-vous répondre plus précisément que « bien » ? Et si vous vous posez la même question pour votre enfant, sauriez-vous nommer ce qu'il ressent ?

Faisons un petit test : regardez les émotions, énumérées ci-dessous et **cherchez la ou les émotions qui vous correspondent maintenant.**

Soulagé, satisfait, déterminé, déçu, exaspéré, exténué, heureux, élogieux, dégoutté, soupçonneux, agressif, intimidé, joyeux, offensé, sous le choc, idiot, hystérique, indifférent, esseulé, abattu, misérable, paranoïaque, négatif, peiné, obstiné, optimiste, perplexe, penaud, anxieux, ennuyé, modeste, prudent, concentré, confiant, incrédule, enragé, envieux, effrayé, consterné, frustré, intéressé, méditatif.

Refaites l'exercice avec votre enfant pour tenter de trouver quelle émotion l'habite. Ce sera l'occasion probablement de lui apporter des précisions sur la définition de ces émotions…

Une occasion de voir où vous en êtes sur la première compétence : identifier et nommer une émotion !

Socialiser ses émotions.

Que vous soyez expansif ou introverti, pour être bien gérée, votre émotion a besoin d'être « socialisée », c'est à dire qu'elle sera adaptée à votre environnement social. Par exemple, même si vous vous sentez très triste pendant que vous faites vos courses, vous essaierez probablement d'attendre d'être hors du regard des autres pour pleurer ou exprimer votre tristesse.

De la même manière, les parents apprennent à leurs enfants comment socialiser leurs émotions en leur indiquant quel comportement ou attitude est accepté par rapport à une autre : par exemple, vous apprenez à votre enfant qu'il peut taper dans un coussin quand il se sent fâché, mais ne peut pas taper sur un camarade.

Canaliser et réguler

Si c'était aussi simple que de le dire, il y aurait beaucoup moins de dépression et de violences dans les familles. Mais hélas, nous avons parfois beau savoir comment nous sommes « supposés » nous comporter quand une émotion nous envahit, **il arrive que nous perdions complètement le contrôle**.

C'est d'ailleurs particulièrement vrai pour les enfants qui n'apprennent que très progressivement à canaliser leurs émotions. Ils ont d'abord besoin de leurs parents pour cela. Les adolescents aussi peinent à réguler des émotions qui durant cette période mouvementée, s'intensifient et se mélangent à tel point qu'il leur est difficile de les identifier. Nous avons donc à apprendre à réguler nos émotions afin d'être en mesure d'apprendre à nos enfants à faire de même.

> *« Pour réguler une émotion, il faut trouver un moyen de l'extérioriser sans qu'elle ait un effet destructeur. »*

Voici quelques techniques pour réguler ses émotions qui fonctionnent avec les petits et les plus grands :

- Crier, pleurer
- Courir, frapper un sac de frappe, faire du sport
- Danser, chanter, écouter une musique (bien choisie)
- Se confier, parler, écrire dans un journal de bord
- Respirer profondément, se relaxer, méditer, contempler un paysage
- Visualiser un souvenir ou un lieu agréable et heureux

NE LAISSEZ PAS LES PEURS VOUS GOUVERNER ET PARASITER VOTRE PARENTALITÉ

La peur est présente en nous à différents niveaux : conscients et inconscients. Elle agit comme un empêcheur de tourner en rond et « sape » beaucoup d'initiatives et de spontanéité.

Pour comprendre comment agit la peur en nous, vous pouvez la visualiser comme un fantôme qui viendrait vous épouvanter pour obtenir ce qu'il souhaite : en général, **vous faire renoncer à tout ce qui est différent, inconnu, risqué**. Vous pouvez aussi imaginer une « petite voix » qui vient chuchoter à votre oreille des mises en garde, la liste des dangers auxquels vous vous exposez, ou vous insinue même **des penses négatives qui vont saboter vos projets**… Ça vous dit quelque chose ?

Comme si ça n'était pas suffisant, la peur créer aussi du stress, de l'anxiété et pour certains d'entre nous, de véritables angoisses qui intoxiquent toute notre vie…(C'est particulièrement vrai si vous avez des tendances à être anxieux et inquiet)

Vous l'aurez compris : la peur doit être chassée. La première étape pour cela va consister donc à repérer les vôtres. Voici une petite liste des peurs fréquemment rencontrées par les parents d'enfants ou d'adolescents. C'est une liste que vous pouvez compléter par ce qui vous correspond plus précisément.

- Peur que son enfant se fasse mal

- Peur des dangers extérieurs (accident, agression, évènement)

- Peur de mal s'y prendre (en éducation), de ne pas être à la hauteur

- Peur de ne plus être aimé(e) par ses enfants

- Peur que son enfant « rate » sa vie

- Peur qu'il « tourne mal »

- Peur de la maladie (microbes, virus)

- Peur du regard des autres (ce que les autres, la société va penser, comment elle va nous juger…)

- Peur d'échouer, de se tromper

- Peur d'être trop autoritaire, ou trop laxiste, d'être « à côté de la plaque »

- Peur de ne pas être respecté

- Peur d'être dominé

- Peur de revivre des situations difficiles, douloureuses

- …

Derrière chaque peur, existe un désir… Autrement dit, vous pouvez identifier derrière chacune de vos peurs un souhait, un espoir, un projet.

Par exemple, derrière la peur que son enfant « rate sa vie », il y a le désir qu'il la réussisse !

La seconde étape consiste donc pour chacune de vos peurs à identifier ce désir :

Ma peur	Mon désir

Pour finir, **vous avez un choix à faire** : si vous avez pris conscience de l'effet néfaste des peurs sur votre parentalité, il vous reste à vous déterminer sur ce que vous souhaitez : continuer à justifier vos peurs ou trouver une autre attitude qui va plutôt potentialiser votre « désir » ?

Vous avez choisi ? Si votre choix va dans le sens de chassez vos peurs et les remplacer par leur contraire, la suite va vous concerner.

Connaissez-vous l'antidote le plus puissant qui existe face aux peurs?

Cela parait simple et pourtant, c'est très efficace …Vous avez trouvé ? Non ?

Cet antidote, va diminuer le niveau de stress, réduire l'anxiété, améliorer la relation parent-enfant, augmenter l'estime de soi et au passage chassez les peurs.

Cet antidote est à la portée de tous et confère à celui qui l'utilise un charisme qui facilitera ses relations aux autres.

Cet antidote est la base de toute relation humaine heureuse et durable. Cet antidote s'appelle… la CONFIANCE.

Si vous craignez que votre enfant tombe par exemple, il y a de bonne chances pour que ça finisse par arriver. Il entendra votre peur au travers de phrases comme « Attention, tu vas tomber ! », et cherchera à éviter ce que vous redouter… et donc à se concentrer dessus. Ce qui augmente le risque qu'il tombe vraiment !

Vous voyez le lien ? Alors que si vous lui montrer votre confiance dans sa capacité à faire preuve de suffisamment d'équilibre, il se sentira gonflé de courage et se sentira CAPABLE de le faire; ce qui réduira le risque de chute (mais ne l'empêchera pas complètement bien sûr), et lui donnera la persévérance de recommencer ses essais jusqu'à la réussite.

> Ma suggestion #1 : **quand vous identifiez une peur dans votre langage ou vos réactions, essayez de la transformer** en phrase positive et confiante. Par exemple, à la place de « Attention : tu vas tomber ! », vous pourriez dire : « Concentres-toi et fais attention de bien garder ton équilibre ! ».

> Ma suggestion #2 : **développez votre confiance en vous**; cette confiance vous aidera à avoir confiance en vos enfants.

EXERCICE PRATIQUE

1. Ma suggestion : **aujourd'hui, entrainez-vous à repérer les émotions qui apparaitront**. Acceptez-les comme elles sont, sans agacement, ni jugement, nommez-les; et si vous le souhaitez, trouvez d'autres façons de les canaliser…

2. Quelles sont les techniques de gestion des émotions que vous utilisez habituellement et qui vous conviennent ?

JOUR #9 - GÉRER LES CONFLITS ET DÉSAMORCER LES CRISES

Les conflits (ou plus exactement les conflits non réglés) sont une des premières causes de mal-être dans la famille et de consultation chez le psychologue. Tout se passe comme si nous avions développé une sorte d'intolérance face au conflit. Alors que les conflits sont tout à fait normaux : il n'y a pas de relation humaine sans désaccord et donc, sans conflit. Pourtant, beaucoup d'entre nous sommes presque « allergiques » au conflits et au lieu d'essayer de les régler, nous avons plutôt tendance à les fuir à les voir comme de véritables menaces à notre vie.

La clef pour retrouver la sérénité dans votre famille, consistera donc à **accepter la présence de conflits dans sa vie de famille, d'y faire face avec calme et courage** (parce qu'il en faut : c'est tellement plus simple de fuir) et à désamorcer les situations conflictuelles avant qu'elles ne s'enveniment.

COMMENT GÉRER SES CONFLITS FAMILIAUX

Comment s'y prendre ? Tout d'abord, en apprenant à déceler les signes avant- coureurs du conflit afin d'agir le plut tôt possible. Un regard, un geste, un mot peuvent nous alerter sur une tension qui s'installe, un désaccord, une émotion.

Ensuite, il s'agit d'apprendre à communiquer sur cette situation sereinement en réussissant à **identifier le problème** de façon **objective** et à l'exprimer sans que l'autre se sente menacé. Cette étape implique aussi d'avoir **renoncé à avoir raison à tout prix**, à penser d'abord à convaincre l'autre avant d'être prêt à l'écouter. Il s'agit ici de communication active et bienveillante qui va permettre d'ouvrir le champ d'un dialogue emprunt de respect et ouvrir à une issue « gagnant-gagnant ». Une issue qui ne lèse personne.

Enfin, il s'agira de s'ouvrir à des pistes de solutions qui feront consensus. Des solutions qui conviendront à chacun, qui auront pris en compte les besoins de part et d'autre et rétabliront une qualité de relation entre les personnes concernées. Parfois, la relation peut s'embellir après une expérience comme celle-là, le lien se renforce et l'on se sent grandi d'avoir réussi à surmonter une difficulté aussi importante.

Il sera important à l'issue du conflit de faire un débriefing de ce qui s'est passé et d'en tirer les leçons pour la suite.

Surmonter et gérer et même anticiper les conflits familiaux est sans doute la clef la plus efficace quand on parvient à le faire, pour parvenir à un épanouissement au sein de sa famille. Voici des repères pour vous aider à le faire.

DÉSAMORCER LES CONFLITS AVANT QU'ILS NE S'AMPLIFIENT

Cet outil est une création originale Familipsy créée à partir des nombreux outils testés en formation professionnelle auprès des entreprises dans le module « gestion des conflits ».

Je vous présente donc aujourd'hui ERDA, votre outil de *déminage à conflits* pour votre famille !

E comme évaluer

Le conflit prend naissance dans des causes très variées qui sont souvent sous-jacentes; un peu comme un iceberg : ce qui se voit est la partie émergée et la plus petite. C'est ce que nous voyons au prime abord, mais c'est aussi la partie « superficielle » du conflit. La partie immergée de l'iceberg correspond aux causes plus profondes du conflit : les besoins, les valeurs, les intérêts qui ne se voient pas d'emblée. Évaluer va vous demander de **prendre du recul et d'identifier les causes du conflit** : de votre côté et du côté de l'autre : votre enfant par exemple. La question à vous poser à ce moment est : quelles sont les causes « profondes » du conflit de mon côté et du côté de l'autre ? (par exemple : un sentiment d'injustice, une frustration, une mauvaise communication ou organisation…) Les causes peuvent être nombreuses et ne s'appliquent qu'à un seul conflit. Les causes datent parfois de plusieurs jours… ou mois ! C'est pourquoi, cet « arrêt sur image » pour évaluer est très important. Il va vous aider à mieux comprendre les positions de chacun dans le conflit et donc à mieux le gérer.

R comme retour au calme

Qu'on se le dise : il n'y a pas de vraie gestion du conflit dans la colère et l'énervement. Il est donc nécessaire quand un conflit arrive de retrouver son calme (chacun de son côté de préférence). Pour cela, chacun aura ses techniques : s'éloigner et prendre l'air, respirer profondément, se défouler, méditer, crier… L'important est de se détendre et retrouver la sérénité (relative) pour pouvoir accéder à la prochaine étape.

D comme dialoguer

Gérer un conflit sans communiquer est impossible. Au mieux, on le reportera dans le temps, mais un conflit sans dialogue risque de s'amplifier avec le temps en devenant un « conflit larvé » , créateur de beaucoup de tensions dans la famille. Les conditions pour un dialogue constructif sont : la capacité à écouter l'autre (avant même de savoir parler au sujet du conflit), le choix du moment et du lieu, choisir les modalités d'une communication active et positive, un discours factuel et neutre. Ici, il y aurait évidemment tout un chapitre à faire (nous en parlons dans un autre programme). Mais ces premiers repères vous permettront déjà d'initier un dialogue constructif.

A comme apaiser

Les conflits suscitent beaucoup d'émotions et de stress. Quelle que soit la manière dont ça va se ressentir (boule au ventre, nervosité, irritabilité, difficultés à s'endormir…), les tensions sont présentes et demandent à être évacuées pour ne pas rester en « suspens » et ressurgir plus tard. Qu'est-ce qui permet d'apaiser un conflit après le dialogue ? Un geste de tendresse ou de réconciliation, une phrase exprimant la satisfaction ou la reconnaissance (par exemple : « Je suis soulagée et contente que nous ayons pu régler ce désaccord »). Ce moment permet aussi d'identifier s'il reste encore des sujets non résolus ou si le conflit n'est pas tout à fait réglé : s'il reste des tensions à ce moment, c'est probablement que toutes le causes du conflit n'ont pas été mises à jour. Vous pouvez alors reprendre les étapes depuis le début jusqu'à ce que tout soit résolu.

SE DISPUTER SANS TOUT CASSER

Couple et disputes ne semblent pas pouvoir aller l'un sans l'autre ; à moins d'avoir coupé toute communication ; auquel cas, on enlève la source principale (mais pas la seule) des disputes : les paroles. Alors, comment faire pour éviter les « clashs » et la souffrance qui va avec ?

La spirale infernale des mots

Un mot de travers ou mal compris et c'est la crise : **une escalade sans fin s'ensuit** mêlant reproches et plaintes, sans véritable discussion. On règle ses comptes, on déverse le trop plein accumulé au fil des jours, on crache son venin, bref, la vanne des mots et des paroles est ouverte, souvent accompagnée de gestes : sourcils froncés, regards noirs, dos tournés, poing sur la table : **notre corps accompagne notre colère**, notre trop-plein et exprime (parfois à nos dépends) ce que nous avons besoin d'évacuer : émotions, ressentis … Et c'est bien là où le bas blesse : dans la plupart des disputes qui dérapent, ce ne sont que deux personnes qui s'expriment mais sans écouter l'autre. Des ressentis qui ressortent, mais sans être verbalisés clairement.

À quoi sert un conflit ?

Une petite goutte (un mot, un geste, un évènement), et c'est le vase qui déborde avec un flot incontrôlable d'émotions, de souvenirs, d'interprétations, de reproches…

On utilise dans ce cas - à tort - la dispute, pour soulager son cœur des rancœurs qu'il a accumulé au fil des jours : et au vu des dégâts que ça cause parfois, une chose est sûre : LES DISPUTES NE DOIVENT PAS SERVIR D'EXUTOIRE ! Pourquoi ? parce qu'en général, ce qu'on extériorise sous l'effet d'un trop-plein, n'est pas passé par la case « contrôle et inhibition »… Résultat : Ce qu'on dit n'est ni agréable à entendre, ni constructif, et ne reflète pas ce qu'on veut VRAIMENT dire ou exprimer. Pire : ça va envenimer la situation (eh oui ! on dit bien : « cracher son venin ») en menant le couple tout droit dans le mur…

La dispute ou plutôt le conflit, pourrait pourtant servir à réajuster les inévitables quiproquos, malentendus et autres non-dits de la vie de couple, pour éviter que les tensions continuent d'augmenter. Exprimer ses désaccords et tenter de trouver des compromis n'est en rien destructeur, bien au contraire. Encore faut-il avoir l'art et la manière de s'y prendre !

Des conseils pour mieux vivre la dispute

Comment faut-il faire pour éviter le « clash » ?

1. **Crachez votre venin** AVANT de vous disputer : appelez un ami, votre mère ou votre « psy » pour dire tout ce que vous pensez de votre conjoint qui se comporte d'une manière inadmissible, mais ne lui dites pas en face. Au plus, écrivez une lettre (que vous ne lui donnerez pas !) pour lui faire tous les reproches qui vous viennent. Ou les deux ! Cette exercice vous aidera à extérioriser toutes les frustrations qui se sont accumulées et transformées très probablement en reproches ou en plainte; sans risquer d'envenimer la situation avec des mots blessants, rabaissant, jugeant…

2. Essayez de **vous centrer sur vos émotions** : qu'est ce que vous ressentez quand il/elle vous dit (ou fait) ça : de la colère ? de la tristesse ? nommez vos émotions. Notez-les si besoin, mais imprégnez-vous de cette émotion et laissez-la « prendre place » en vous : si des larmes vous viennent, surtout PLEUREZ ! Pourquoi ? Parceque pleurer, fait du bien… si ce sont des larmes pour « évacuer » (ce qui n'est pas le cas des larmes de colère ou de désespoir… mais ce n'est pas le propos !). **Posez-vous maintenant cette question** : Quel est le besoin qui n'est pas comblé dans cette situation ? Vous sentir en sécurité ? Vous sentir aimée ? Respectée ? Pouvoir identifier ce besoin vous sera d'une grande aide au moment de la discussion avec votre conjoint.

3. **Demandez-vous ensuite si c'est à votre conjoint de combler ce besoin** :
- Si la réponse est « oui », vous devrez lui exprimer sous cette forme : « quand tu dis ou fais *mot ou geste problème*, je me sens *ressenti*. Et j'ai besoin que tu *besoin* ».
- Si la réponse est « non », avant d'aller le voir, cherchez qui ou quoi doit vous permettre de répondre à ce besoin. Vous serez alors plus serein quand vous aborderez à nouveau le sujet « sensible ».

4. Maintenant que vous êtes au clair avec vos émotions et vos besoins; essayez de **vous mettre à la place de votre conjoint** : ce n'est pas facile ? c'est vrai ! Se mettre à sa place demande de mettre un temps de côté son amour propre, mais vous allez constater que c'est vraiment utile. Demandez-vous : **Qu'est ce qui se passe chez LUI ? Que peut-il ressentir ? Quel est son besoin ?** Si vous faites cet exercice sincèrement et sans a priori, vous découvrirez peut-être que sa perception est bien différente de la vôtre, qu'il y a une valeur importante

pour lui qui a voulu s'exprimer ou qu'il a tenté de répondre à sa façon à votre besoin sans que vous le compreniez…

5. Vous avez réussi ? Votre perception est plus claire ? Alors il ne vous reste plus qu'une étape avant d'entamer une discussion sereinement. **Préparez un plan d'action** : ça vous parait inutile ou inadapté ? Vous changerez d'idée quand vous aurez testé. Un plan d'action doit contenir plusieurs critères : le lieu et le moment pour commencer. Le lieu doit être calme, intime et loin des enfants. Le meilleur moment est celui qui sera propice au retour au calme et à la disponibilité : la fin de journée par exemple, quand toutes les tâches quotidiennes sont remplies. Préparez à l'avance des phrases qui traduisent le mieux votre pensée : écrivez-les même si besoin. Changez-vous les idées, aérez-vous l'esprit, attendez que la brume se soit dissipée. Puis dites clairement à votre conjoint que vous aimeriez discuter de ce qui s'est passé, en lui proposant le lieu et le moment que vous aurez choisi.

6. **Passez à l'action** (doucement ☺) : allez le/la voir ou écrivez-lui (une autre lettre que celle rédigée dans le point 1 !), quel que soit le moyen que vous utiliserez, restez centré sur ce que vous vivez et soyez prêt à **écouter** ce que votre conjoint a à dire (ou acceptez qu'il préfère se taire pour l'instant).

7. Si votre conjoint n'est toujours pas ouvert à la discussion, n'insistez pas ! Mais réessayez quand il sera plus ouvert au dialogue… Eloignez-vous même et laissez-le dans « sa grotte » (pour un homme), le temps qu'il faudra pour qu'il soit redevenu capable de dialogue. Si vous ne respectez pas cette règle, vous vous exposez à des attaques ciblées qui ne feront qu'ajouter à votre frustration. Ce besoin est inversé pour la femme qui ressent au contraire le besoin de parler pour sortir du problème et appréciera que son conjoint viennent parler.

Les erreurs à éviter

Voici les choses à éviter ABSOLUMENT dans vos disputes :

- **Les insultes et les injures** : non seulement, elles n'ont aucun intérêt (à part celui peut-être de vous soulager un moment… et encore, ça reste à voir !), mais en plus, elles mettent « de l'huile sur le feu » : en blessant l'autre (eh oui, c'est blessant d'être insulté ou injurié, même quand on se montre indifférent), elles vont le faire réagir : et les deux façons les plus répandues de réagir sont : l'agressivité… ou la fuite ! Dans les deux cas, ça coupe toute communication (saine) possible !

- **Les reproches à la chaine** : « Alors tu as fait ça, et ça , et en plus, tu as dis ça… » : inutile de continuer : après le premier « tu as fait ça », votre conjoint a fermé ses écoutilles : vous parlez à un mur !

- **Les flash-backs sur les disputes précédentes** : c'est risqué parce que même en imaginant que vous vous souveniez parfaitement de ce qui s'est dit et passé, votre conjoint lui, ne s'en souvient sans doute pas comme vous : résultat vous allez passer votre temps à rectifier la version de l'autre, échanger vos interprétations et au mieux passer à côté de la vraie discussion ; au pire, vous allez relancer d'autres sujets dans la « dispute en cours » et c'est le chaos assuré !

- **Les jugements** : « tu ne comprends rien… », « tu es de mauvaise foi… » : Avouons-le, c'est vrai que c'est tentant, tant la situation parfois vous donne raison, mais encore une fois, mieux vaut se retenir de sortir des vérités qui ne vont qu'envenimer la situation. Les jugements ont pour effet immédiat de « braquer » votre conjoint et s'il est vraiment de mauvaise foi, il vous en tiendra rancune et vous deviendrez le « coupable ».

EXERCICE PRATIQUE

1. Identifiez dans un conflit le PROBLÈME (la cause) de façon objective et factuelle. C'est à dire, repérez d'où est parti le conflit : ce qui s'est passé qui a déclenché une réaction, une émotion. Par exemple si votre conjoint vous a fait un reproche que vous jugez injuste et que cela vous fait réagit fortement, il est probable que le problème soit à chercher du côté de votre besoin de reconnaissance ou d'être respecté. Si votre enfant crie fort après que vous ayez éteint son écran, le problème n'est pas le cri, mais sa frustration (qui le fait crier).

2. **Mon conseil** : faites-vous la main sur un conflit simple en suivant les étapes proposées plus haut : en voyant les résultats rapides, vous serez convaincu je l'espère de l'intérêt de persévérer dans cette approche.

JOUR #10 - RETROUVEZ VOTRE ÉQUILIBRE PERSONNEL

ÊTRE PARENT ET JONGLER AVEC TOUTES SES CASQUETTES

Notre identité est complexe et se diversifie quand les responsabilités arrivent : devenir parent, professionnel, parent d'élève… Pourtant, trouver un équilibre pour réussir à tout gérer tout en restant soi-même, n'est pas simple… Beaucoup de parents se sentent parfois dépassés, débordés et perdent leur équilibre.

Regardons comment éviter cela.

Commençons par lister les principaux rôles que joue ou peut jouer un parent au quotidien.

Mais au fait, un rôle , c'est quoi?
C'est qui transparait de nous dans le monde, notre face « sociale ». C'est ce qu'on donne à voir aux autres. Les rôles nous obligent à agir, décider, nous exprimer, nous affirmer, faire face aux autres, trouver notre place au milieu des autres. Pour chaque rôle, il y a un « masque » que l'on met pour jouer ce rôle. Voici une liste non exhaustive des rôles fréquents qu'une personne est amenée à « jouer » :

- Un conjoint

- Un parent

- Un professionnel

- Un ami

- Un chef d'équipe ou responsable d'association ou autre

- Et avec sa famille occasionnellement, elle peut aussi être : une infirmière / une psy / une coach scolaire/ une coiffeuse / une prof / une couturière / un supporter / un médiateur (avec l'autre parent) / un gendarme…

- Un fils/une fille dans sa relation avec ses propres parents

- Un frère/une soeur (et tout ce que ça implique de relations avec la fratrie, en fonction de sa place)

- Et la liste pourrait s'allonger suivant la vie que l'on mène, les engagements que l'on prend…

La vie de parent peut être complexe et pleine de subtilités qu'il doit concilier, harmoniser au jour le jour, non parfois sans mal…

Qu'est-ce qui peut faire basculer dans le déséquilibre et le débordement ? Qu'est-ce qui fait que certains parents en arrivent à se perdre au milieu de toutes ces tâches, tous ces rôles qu'elles ont à assumer ?

Première cause du déséquilibre : un rôle prend le dessus

Voici la question que l'on peut se poser : Parmi les rôles que je tiens, **y'en a t il un ou plusieurs qui prennent plus le dessus**? volontairement ou non ?

Certaines périodes de la vie obligent à privilégier certains aspects de notre identité : l'arrivée d'un enfant met au premier plan notre rôle de parent; la promotion professionnelle, nous fait investir notre travail d'une manière prioritaire par exemple…

Nous pouvons difficilement faire autrement, mais durant ce temps, le risque est de négliger d'autres rôles et même de les laisser

complètement de côté…
Consacrez-vous, dans une semaine, du temps pour chaque facette de votre identité ?

Deuxième cause : de mauvais schémas intériorisés

Qui définit les rôles de notre vie? Vous pensez que c'est uniquement vous-même ? Oui, dans une certaine mesure, mais pas seulement. Nous avons tous intégré les rôles qu'ont joué avant nous nos parents, et les personnes significatives de notre entourage. **Nous avons intériorisé ces schémas de façon inconsciente** et spontanément, naturellement, **nous les rejouons dans notre vie quotidienne**. C'est vrai aussi quand les schémas ont été inadaptés. Cela veut dire que l'on peut vivre en déséquilibre… à notre insu !

Troisième cause : une influence négative

Notre entourage proche (la famille, le conjoint) influence les rôles de notre vie, avec les attentes qu'ils expriment à notre égard directement ou indirectement, et en fonction des schémas qu'ils ont eux-mêmes intériorisé, ils tentent sans s'en rendre compte de nous faire « rentrer dans leurs propres schémas » … Par exemple, une influence directe d'une représentation des rôles en fonction du sexe : « Une femme s'occupe des enfants et reste à la maison. Un homme ramène l'argent à la maison. » … ou plus subtile : « Tu connais untel ? il a de la chance : sa femme lui cuisine toujours de bons petits plats avant qu'il ne rentre. »

Dans quelle mesure sommes-nous influencés **par cet entourage au point de nous éloigner de nos propres représentations** ? En prenons-nous conscience ?

Quatrième cause possible : des résistances personnelles

Des préférences personnelles : Nous pouvons investir un rôle plus que l'autre parce que nous y sommes plus à l'aise ou parce que ce rôle est plus valorisant qu'un autre. De la même manière, nous pouvons négliger un rôle pour des raisons inverses.

Le « complexe du superparent » : Et si vous vous sentiez coupables de ne pas tout faire parfaitement ? Savez-vous vous contenter d'être « suffisamment bon » en tant que parent selon l'expression de Winnicot ? Ou cherchez-vous inconsciemment à être parfait ? Si c'est le cas, certains d'entre nous se mettent la pression (ainsi que sur leur entourage) pour que leur vie ressemble à l'idéal qu'ils s'en sont fait… C'est important de s'en rendre compte, car c'est un des facteurs de risque que l'on identifie dans les situations de burn-out…

Le sentiment d'échapper à soi-même : parfois, on peut avoir « perdu le fil » en jouant des rôles en fonction de ce qu' « on » attend de nous, et non en fonction de ce que nous sommes. Cela part d'une bonne intention : celle de « faire plaisir » en se conformant aux attentes de l'autre… Mais c'est un piège qui peut nous amener à ne plus savoir très bien où l'on se situe : comme si les casquettes s'étaient accumulées et confondues entre elles et comme si l'on s'était perdu en cours de route…

Du mal à lâcher-prise : quand les rôles de la vie se multiplient, il faut pouvoir « lâcher prise » sur certaines attentes, exigences, représentations que l'on s'est faites pour vraiment s'adapter. Mais pour certains, ce n'est pas simple…

- Lâcher ses **exigences personnelles** ou les faire évoluer dans un rôle ou un autre: par exemple, on ne peut pas passer autant de temps avec ses enfants ou son conjoint, quand on choisit de travailler à temps plein : c'est mathématique. Ceci dit, rien n'empêche d'aménager son temps pour optimiser les temps en famille et en faire des temps « de qualité » !

- Lâcher certains **principes ou représentations sur les rôles dans la famille** : déléguer à son conjoint des tâches que l'on faisait jusqu'à maintenant : nous nous agrippons parfois à nos tâches, à une représentation qu'on a de notre place dans la famille. Dans notre vie, ces rôles évoluent-ils ? Sont-ils souples ? Laissons-nous notre conjoint nous « bousculer » un peu ? Incitons-nous notre conjoint à s'associer à cette évolution ?

« Il n'y a donc pas UNE manière de « jouer un rôle », mais plusieurs… pour ne pas dire autant qu'il y a de personnes ! »

Comment maintenir l'équilibre ?

Parfois, dans le propre couple, les visions sont divergentes et entrainent des conflits autour de la manière de s'acquitter de ses différents rôles… L'important, pour rester en « équilibre », est de les assumer en restant soi-même et en cherchant le consensus dans une communication saine et constructive.

Pour cela, il est important d'affirmer cette manière personnelle de jouer les rôles de sa vie sans alimenter un rapport de force ou l'on cherche à « l'emporter sur l'autre ». Il s'agira plutôt d'**aller vers le consensus** pour que chacun mette de soi-même en faisant quelques « concessions » afin d'harmoniser sa relation avec l'autre.

C'est vrai dans le couple, mais aussi dans les relations professionnelles !

Rester soi-même dans les différents rôles

Les rôles ont beau être semblables, **nous ne les « habitons » pas de la même manière** : chacun y met de sa personnalité :

- En **êtes-vous conscient** ?

- **Vous sentez-vous libres d'y mettre de vous ?** Ou vous conformez-vous aux diktats de la société ? La pression familiale ? La représentation idéale de votre esprit ? Les attentes de votre conjoint?

- Avez-vous **laissé de côté des aspirations profondes** pour être plus « conformes » dans ces rôles ? À qui et à quoi ?

- Au contraire, vous sentez-vous **la même personne dans les différents rôles de votre vie** ?

-

« Si c'est le cas, vous avez sans doute trouvé un certain équilibre. Sinon, c'est en reprenant le « chemin vers soi-même » que vous trouverez votre essence qui se reflètera sur toutes les facettes de votre vie. »

LE NÉCESSAIRE TRAVAIL SUR SOI

Les lunettes du parent positif

Devant chaque situation éducative, le parent positif regarde les choses à la fois sous l'angle de ses propres besoins mais aussi en se décentrant pour tenter de comprendre ce qui se passe pour son enfant : **un excellent moyen de décrypter les attentes et besoins de son enfant et donc être en mesure d'y répondre de façon ajustée**.

Accepter de se remettre en question

Le parent positif accepte d'être dans **une attitude dynamique** où rien n'est totalement et définitivement acquis : il ne se base pas uniquement sur ses propres références (son éducation et son histoire familiale) mais accepte d'apprendre, de s'adapter, de trouver un consensus avec l'autre parent, de s'ajuster à son enfant en fonction de sa personnalité et sa maturité. **Le parent positif accepte de se laisser parfois bousculer dans ses certitudes et dépasse ses peurs** pour ouvrir un horizon neuf à ses relations familiales et son éducation.

Se connaitre

Le parent positif identifie ce qui en lui l'influence : ses émotions, son histoire personnelle, mais aussi son expérience d'enfant et d'adolescent, avec ses blessures...

Le parent positif est conscient qu'il ne s'agit pas juste de vouloir utiliser un mode éducatif pour être CAPABLE de le mettre en pratique : il se heurte à des résistances, des réactions incompréhensibles, disproportionnées parfois, mais il ne se décourage pas pour autant car il sait qu'**il est pétri par tout son vécu et que la seule façon de le dépasser,   c'est de se connaitre et d'aller au-delà de ses limites et blocages pour faire de sa parentalité une véritable école de la vie** !

« Se connaitre, c'est aussi identifier son style éducatif et en changer si besoin. »

Donner le cap !

Le parent positif ne perd pas de vue qu'il doit fixer un cap et conduire ses enfants dans cette direction, mais il sait aussi que la contrainte n'est pas le seul et meilleur moyen d'y arriver. **Il utilise d'autres stratégies qui font grandir et rendent l'enfant plus responsable et autonome dans ses actions.** Il sait que pour obtenir la coopération de son "équipe", il devra lui transmettre sa vision, ses aspirations, lui donner le goût d'avancer.

« Car, pour donner l'envie à des personnes de construire un bateau, au lieu de leur donner le plan, les outils et des ordres, il vaut mieux leur donner le goût de la mer ! »

EXERCICE PRATIQUE

Êtes-vous influencé par votre entourage au point de vous éloigner de vos propres représentations ?

Deux questions pour le savoir :

1. Prenez-vous conscience à quel point votre entourage vous INFLUENCE ?

2. Vous-êtes-vous éloigné de QUI VOUS ÊTES pour répondre à leurs attentes ? Si c'est le cas, c'est déjà un premier pas d'en prendre conscience. Le second consistera à revenir vers VOS représentations pour retrouver authenticité et équilibre.

CONCLUSION

La science du bonheur, n'est pas une science exacte. Je dirais même qu'elle relève plus de l'art que de la science. Le bonheur ne se laisse ni prendre, ni contrôler.

Il demande plutôt à se laisser apprivoiser et connaitre. Parfois il nous surprend là où l'on ne s'y attend pas, dans les petites choses de notre vie, dans un évènement inattendu... Il est là comme une joie inespérée à laquelle on aspire sans totalement y croire.

Et pourtant, pour atteindre ce bonheur, nous avons à notre portée des clefs, que nous connaissons sans le savoir parfois, ou que nous devons apprendre à utiliser.

Je souhaite sincèrement que ces quelques clefs vous aideront à franchir les premières portes de votre bonheur en famille.

Nathalie Colin-Fagotin

Psychologue de la famille, Auteure & Formatrice/enseignante

Fondatrice de Familipsy

www.familipsy.com / www.familipsy.academy